Nur im Weltall ist es wirklich still

Sieglinde Geisel

Nur im Weltall ist es wirklich still

Vom Lärm und der Sehnsucht nach Stille

Galiani Berlin

Teile dieses Buchs sind 2007 in der Schriftenreihe der
Vontobel-Stiftung in Zürich erschienen.

Mix
Produktgruppe aus vorbildlich bewirtschafteten
Wäldern und anderen kontrollierten Herkünften
www.fsc.org Zert.-Nr. SGS-COC-001940
© 1996 Forest Stewardship Council

Verlag Kiepenheuer & Witsch, FSC-DEU-0096

1. Auflage 2010

Verlag Galiani Berlin
© 2010 by Verlag Kiepenheuer & Witsch GmbH & Co. KG, Köln
Alle Rechte vorbehalten. Kein Teil des Werkes darf in irgendeiner Form
(durch Fotografie, Mikrofilm oder ein anderes Verfahren) ohne schriftliche
Genehmigung des Verlages reproduziert oder unter Verwendung elektronischer Systeme verarbeitet, vervielfältigt oder verbreitet werden.
Umschlaggestaltung: Manja Hellpap und Lisa Neuhalfen, Berlin
Umschlagmotiv: © getty images
Autorenfoto: © privat
Lektorat: Wolfgang Hörner
Gesetzt aus der Stempel Garamond
Satz: Pinkuin Satz und Datentechnik, Berlin
Druck und Bindung: GGP Media GmbH, Pößneck
ISBN 978-3-86971-015-0

Inhalt

Was ist Lärm?	8
Lärm kommt von unten	14
Der Lärm der Glocken und die Götter	22
Schlachtenlärm	30
Die Lust am Lärm	38
Der Lärm von früher	43
Das Drama des Lärms	51
Die Entdeckung des Lärms	61
Die Begeisterung für den Lärm	77
Wie laut ist zu laut?	89
An der akustischen Mutterbrust	105
In welchem akustischen Raum wollen wir leben?	128
Der Lärm im Kopf	134
Das verbotene Territorium der Stille	143
Leben mit dem Lärm	158
Literaturverzeichnis	163

Der schlimmste Lärm

»Wenn jemand sich die Nägel feilt. Aus irgendeinem Grund machen das viele Frauen morgens in der U-Bahn, da setze ich mich sofort woandershin.«

»Der Schrei eines Tiers, das Schmerzen hat.«

»Ein andauerndes Geräusch, das nicht aufhört. Autobahn zum Beispiel. Aber das gilt natürlich nicht für Geräusche der Natur. Meeresrauschen stört mich gar nicht.«

»Musik, die vor sich hin plätschert, zum Beispiel wenn jemand auf einer Party unkonzentriert auf einer Gitarre herumzupft. Wobei Gitarre sowieso mein absolutes Hass-Instrument ist.«

»Ein aufheulendes Motorrad. Da möchte ich am liebsten eine Pistole ziehen. Ein Schuss – und dann das befriedigende Gefühl, man habe etwas Böses aus der Welt geschafft.«

Was ist Lärm?

OHNE MENSCHEN gibt es keinen Lärm. Die Natur kennt nur Geräusche. Wasser kann tröpfeln, rauschen, tosen; der Wind pfeift, und er versetzt Blätter und Bäume in Schwingungen. Tiere erzeugen ein riesiges Spektrum von Klängen – es reicht vom kaum hörbaren Piepsen einer Maus bis zum Gebrüll des Löwenmännchens, das mit dem Schall sein Revier markiert. Jedes Tier suche sich eine akustische Nische, behauptet der amerikanische Akustiker Bernie Krause. Wenn zwei Tierarten die gleiche Tonhöhe benutzen würden, käme es zu einer Überlagerung der Schallwellen: Die Laute der einen Tierart würden von den Lauten der anderen verdeckt. Da die Fortpflanzung jedoch von der Verständigung abhängt, haben sich in der Evolution jeweils jene Tiere einer Gattung durchgesetzt, die eine Lücke im Frequenzspektrum gefunden hatten. Je mehr Tierarten in einem Habitat beheimatet sind, desto reicher ist der Klang, bis hin zum Extrem des Regenwalds: Hier ist das gesamte Spektrum der hörbaren Frequenzen von Tierstimmen besetzt.

Doch das alles ist kein Lärm. Selbst die lautesten Geräusche, die in der Natur entstehen, wie der Donner oder ein Vulkanausbruch, sind für sich genommen kein Lärm. Dieser entsteht erst im Kopf des Menschen – hier wird entschieden, ob es sich bei einem Geräusch um Lärm handelt. Lärm ist interpretiertes Geräusch, und dazu gehören immer zwei: ein Geräusch und ein Bewusstsein, das auf dieses Geräusch reagiert. Niemand ist bei der Frage nach dem schlimmsten Lärm um eine Antwort verlegen. Doch kaum je erhält man von zwei Menschen die gleiche Antwort. Denn in jedem Kopf wird etwas anderes zu Lärm.

Nicht das Geräusch, sondern die Reaktion darauf entscheidet, wo der Lärm beginnt. Wenn man dem Phänomen des Lärms auf die Spur kommen will, muss man deshalb beim Hörer anfangen. Ganz allgemein kann man sagen: Lärm ist Schall, der irgendjemanden stört, belastet, ängstigt, beunruhigt, ablenkt, aufregt oder nervös macht. Nicht alle Sprachen unterscheiden zwischen Lärm und Geräusch. Mit ›noise‹, ›bruit‹ und ›rumore‹ etwa werden ganz neutral Geräusche bezeichnet, erst in zweiter Linie bedeuten diese Worte auch Lärm. Offenbar reagieren die Deutschen besonders empfindlich auf Lärm, denn die deutsche Sprache hat für Geräusche, die stören, ein besonderes Wort, und zwar ein dramatisches. Etymologisch kommt das Wort Lärm von Alarm, dem alten italienischen Schlachtruf ›all'arme‹ – ›zu den Waffen!‹. Die genaueste und knappste Definition lautet demnach: Lärm ist ein Geräusch, das irgendjemanden alarmiert. Seiner Natur nach ist das Ohr ein Alarm-Organ, von dem in freier Wildbahn maßgeblich das Überleben abhängt, denn bevor der Feind zu sehen ist, ist er zu hören. Das Ohr darf niemals schlafen. Auch in der Nacht filtert es die Geräusche, und ein ungewohnter Laut wird sofort dem Gehirn gemeldet. Noch bevor man überhaupt weiß, was man gehört hat, schießt einem das Blut in den Kopf; das Herz rast, und man sitzt hellwach im Bett, bereit zu Kampf oder Flucht. Ein Adrenalinstoß versetzt den ganzen Körper in Alarmbereitschaft – bei jedem ungewohnten Geräusch aufs Neue.

Doch so entscheidend die Alarmfunktion des Ohrs für das Überleben in der Wildnis auch ist – im modernen Leben des Menschen hat sie ihren Sinn fast völlig verloren. Allenfalls im Straßenverkehr vermag uns das Ohr noch vor Unheil zu bewahren (vorausgesetzt allerdings, wir bewegen uns ohne Kopfhörer durch die Stadt). Kaum je kündigt der Lärm einen Feind an, meist ist es nur ein startendes Flugzeug, ein Pressluftbohrer oder der bellende Hund des Nachbarn. Weil das vegetative Nervensystem jedoch auf die moderne Umwelt mit archaischen Mustern reagiert, können uns selbst die harmlosesten Geräusche seelisch und körperlich massiv unter Stress setzen, ganz so als ginge es jedes Mal um Leben und Tod. Und gar nicht so selten greift tatsächlich jemand zur Waffe. Dann liest man in der Zeitung Meldungen wie diese: »Weil er sich durch Lärm belästigt fühlte, hat ein 52-Jähriger seinen 69 Jahre alten Nachbarn erschlagen. Anschließend zerstückelte er die Leiche und versteckte die sterblichen Überreste im Wald.«

Lärm muss nicht laut sein, um uns zum Wahnsinn zu treiben – ein tickender Wecker, das Tropfen eines Wasserhahns oder das gedämpfte Geräusch des Fernsehers aus der Nachbarwohnung genügen durchaus. Umgekehrt können auch laute Geräusche ein Gefühl der Ruhe vermitteln. Das Rauschen eines Gebirgsbachs etwa würde ein Wanderer auch dann nicht als Lärm bezeichnen, wenn es, in Dezibel gemessen, so laut ist wie der Verkehr auf einer Autobahn, denn aus dem Rauschen eines Bachs macht der Kopf des Wanderers etwas anderes als aus dem Rauschen von Autos. Bei der Frage, ob wir ein Geräusch als Lärm empfinden, spielt seine Ursache eine wichtige Rolle. »Ich bin außerordentlich empfindlich gegen alles Getöse, allein es verliert ganz seinen widrigen Eindruck, sobald es mit einem vernünftigen Zweck verbunden ist«, schreibt Georg Christoph Lichtenberg. Ein Geräusch, dessen Notwendigkeit man einsieht, erträgt man leichter als ein Geräusch, das man für überflüssig und willkürlich hält. Ein Knacken in den Heizungsrohren stört den Schlaf dann besonders stark, wenn man glaubt, mit der Heizung stimme etwas nicht. Erklärt einem der Monteur, dass das Knacken nur deshalb entsteht, weil sich mit der steigenden Temperatur die Metallrohre ausdehnen, stört das Geräusch sofort weniger. Ein Geräusch, das wir verstehen, verliert sein Alarmpotenzial – das Gehirn klassifiziert es nicht mehr in gleichem Maß als Lärm. Ein Lärm, der uns zuvor den Schlaf geraubt hat, verwandelt sich durch unsere Interpretation zu einem Hintergrundgeräusch, das wir vielleicht kaum mehr wahrnehmen.

Doch nicht die Ursache allein bestimmt, ob wir ein Geräusch als Lärm empfinden. Auch unsere innere Einstellung zur Quelle des Geräuschs spielt eine Rolle, denn Lärm ist eine Beziehungsangelegenheit. »Geräusch anhören ist: an fremdem Leben teilnehmen«, stellt, mit einem Seufzer, Kurt Tucholsky fest. Können wir die Nachbarin nicht ausstehen, heult ihr Rasenmäher in unseren Ohren lauter, als wenn wir ein freundschaftliches Verhältnis pflegen. Und: Je weniger Kontrolle man über ein Geräusch hat, desto stärker die Qual. Wir ertragen das Klavierüben des Nachbarn besser, wenn wir wissen, dass unsere Bitte um Ruhe im Notfall erhört wird.

Die meisten Geräusche, die wir als Lärm wahrnehmen, werden von anderen Menschen verursacht. Dies gilt auch für Tiere. Wenn man von einem krähenden Hahn geweckt wird, richtet sich die Wut gegen den Bauern, der ihn krähen lässt. Und der kläffende Hund geht erst recht auf das Konto seines Herrn. »Hundebesitzer sind die rücksichtslosesten Menschen auf der Welt«, schreibt Tucholsky. Seiner Meinung nach sollten Menschen, die Hunde in Mietwohnungen halten, »mitsamt ihrem Köter« aus der Wohnung gejagt werden.

Lärm kommt von unten

KAUM JE EMPFINDEN WIR Geräusche der Natur als Lärm. Das Meeresrauschen entsteht unabhängig vom Menschen, deshalb kann es uns nicht zu einer Antwort drängen – wir sind nicht gemeint. Lärm entsteht erst im Zusammenleben der Menschen, deshalb führt das Nachdenken über den Lärm unweigerlich zu sozialen Fragen. Wer belästigt wen? Und wer *darf* wen belästigen? Am Lärm entscheidet sich die Machtfrage, denn nur wer Macht hat über andere, darf auch über ihre Ohren herrschen. Die Geräusche der Mächtigen sind per definitionem kein Lärm. Sie alarmieren niemanden, denn sie bestätigen die herrschende Ordnung und haben daher den Anschein der Legitimität. Lärm kommt immer von unten. Wir empören uns über die Geräusche von Bauarbeitern, Saufbrüdern, Straßenmusikern, Motorradfahrern und Halbstarken – weil sie in der sozialen Hierarchie ganz unten stehen, müssen wir ihren Schall nicht hinnehmen.

Die Götter haben Macht über die Menschen, und auch hier gilt das Lärmtabu. In einer der mesopotamischen Überlieferungen der Sintflut wird die Katastrophe als Folge eines Lärmkonflikts zwischen Göttern und Menschen dargestellt. Der sumerische *Mythos von Atrahasis* geht auf die Zeit von 1800 v. Chr. zurück. Während im *Gilgamesch-Epos* der einzige Überlebende der Flut Utnapishtim heißt, ist es hier der weise Atrahasis, der durch die Warnung eines Gottes der Flut in einem Boot entgeht – beide sind Vorläufer-Figuren von Noah im Alten Testament. Nach diesem Mythos mussten ursprünglich die Götter alle harte Arbeit verrichten, und das gefiel ihnen gar nicht. Sie erheben sich gegen den Gott Ellil, der seinerseits die großen Götter anruft. Es wird beschlossen, dass die Mutter-Göttin Sterbliche schaffen soll, die für die Götter die mühseligen Arbeiten verrichten müssen. Aus der kleinen Schar von ursprünglich je sieben Männern und Frauen wird mit der Zeit ein großes Volk. Mit der Zahl der Menschen jedoch wächst auch der Lärm, den sie verursachen, und Ellil wird es allmählich zu viel.

»Sechshundert Jahre, weniger denn sechshundert vergingen,
Das Land wurde zu weitläufig, zu zahlreich das Volk.
Das Land lärmte wie ein schnaubender Stier.
Der Gott wurde ruhelos wegen des Getöses,
Ellil musste ihr Lärmen anhören.
Er wandte sich an die großen Götter:

›Das Lärmen der Menschheit ist zu groß geworden,
Ich verliere Schlaf über ihrem Getöse.‹«

Als Gott muss sich Ellil den Lärm der Menschen nicht gefallen lassen. Doch die Seuchen, Dürren und Hungersnöte, die er ihnen schickt, mindern nicht den Lärm der Menschen, sondern nur ihre Arbeitskraft, und so beschließt Ellil, alles in einer Sintflut zu ertränken. Ähnlich wie beim Turmbau zu Babel im Alten Testament hatten die Menschen mit ihrem Lärmen ihre Kompetenzen gegenüber jener Macht überschritten, die sie erschaffen hatte. Bezeichnenderweise ertränkt in diesem Mythos die Sintflut die Menschen nicht nur, sie übertönt sie auch. Durch den Schall, den er über die Erde bringt, bezeugt der Gott Ellil seine Macht.

»Die Flut brüllte wie ein Stier,
Wie der Schrei des Wildesels war das Heulen der Stürme,
Dunkelheit war überall, es war keine Sonne.«

In den Mythen finden seelische Bedürfnisse eine Erfüllung, die der Einzelne selbst oft nicht ausdrücken kann, deshalb sprechen sie heute noch zu uns. Mit der Sintflut, die endlich Stille über die Erde bringt, nehmen wir stellvertretend Rache an denen, deren Lärm wir ausgesetzt sind. Wer unter Lärm leidet, sinnt auf Mord. Man möchte die anderen zum Schweigen bringen, am liebsten für immer – ein Wunsch, dessen Erfüllung Allmacht verspricht. Denn wer die anderen zum Schweigen bringt, herrscht über die Welt.

An der Lizenz zum Lärm lässt sich ablesen, wie die Macht in einer Gesellschaft verteilt ist. Im alten Rom gab es unter den Sklaven einen ›silentiarius‹, der in großen Haushalten mit vielen Sklaven für Ruhe zu sorgen hatte. Im 47. *Brief an Lucilius* verteidigt Seneca die Sklaven und kommt dabei auch auf ein Redeverbot zu sprechen, das damals offenbar galt: »Aber die unglücklichen Sklaven dürfen ihre Lippen nicht bewegen, und wäre es auch nur, um ein Wort zu sagen. Mit dem Rohrstock wird auch das leiseste Gemurmel unterdrückt. Und selbst ganz unwillkürliche Anfälle wie Husten, Niesen, Schlucken machen dabei keine Ausnahme. Schwer büßen muss jeder, der das Stillschweigen auch nur durch ein Wort unterbricht. Ganze Nächte stehen sie nüchtern und stumm. Kein Wunder also, wenn sie über ihren Herrn reden, da sie vor ihm nicht reden dürfen.« In patriarchalischen Gemeinschaften ist es selbstverständlich, dass der Vater bei Tisch seine Stimme erhebt, während die anderen zu schweigen haben – von den Kindern heißt es gar, man solle sie sehen, aber nicht hören. Ehrfurcht und Demut sind die stillen Tugenden derer, die sich unterordnen sollen, und deshalb ist ihr Lärm eine politische Äußerung. Sobald die Machtlosen laut werden, droht der Umsturz. Die Jugendlichen, die in ihrem Zimmer die Lautsprecher aufdrehen, kündigen den Eltern den Gehorsam auf, und umgekehrt steht ein Lehrer auf verlorenem Posten, wenn es ihm nicht gelingt, lärmende Schüler zur Ruhe zu bringen. Das Machtspiel mit dem Lärm gehört zum Erwachsenwerden, doch in den Straßen wird aus dem Machtspiel Ernst: Kein Volksaufstand ohne Radau und Krawall. Schreien kostet nichts, deshalb ist Lärm die Waffe der Machtlosen und der Motor der Revolutionen. Wer die Macht hat, darf lärmen, und wer lärmt, nimmt sich die Macht – der Lärmrausch ist immer mit einem Machtrausch verbunden. Lärm setzt das Denken außer Kraft, in doppelter Hinsicht: Zum einen verliert eine lärmende Menge ihre Hemmungen, und zum anderen ist sie leicht zu manipulieren. Dies machen sich populistische Bewegungen zu Nutze. Sie erteilen dem Volk eine Lärmlizenz und versetzen es damit in einen Machtrausch, in dem es zu allem bereit ist. Volksferne Diktatoren schweigen, populistische Führer dagegen laden das Volk zum Feiern ein. Massenaufmärsche, Megafone und Hitlers gebrüllte Reden gehörten zum Lärm-Arsenal, mit dem es den Nationalsozialisten gelang, ein Volk zu Mördern zu machen.

Lärm ist als Machtdemonstration deshalb so wirksam, weil man sich gegen den Schall nicht verteidigen kann. Ohne physische Gewalt lässt sich mit Schallwellen ein Territorium besetzen: Wer den Lärm nicht hören will, muss das Feld räumen. Diesen Trick nutzen viele Tierarten, um ihr Revier zu markieren, und auch beim Menschen verbergen sich hinter Lärmkonflikten oft Machtkämpfe. Die Jugendclique, die im Park ihre Boombox aufdreht, genießt mit der lauten Musik auch das erhebende Gefühl, innerhalb der Reichweite des Schalls über die akustische Hoheit zu verfügen. Mit der Bitte, die Musik leiser zu drehen, macht man den Lärmverursachern das Revier streitig, deshalb besteht bei Lärmkonflikten die Gefahr von Handgreiflichkeiten. Viele ziehen es instinktiv vor, sich ein ruhigeres Plätzchen zu suchen.

In den eigenen vier Wänden allerdings ist das nicht möglich, hier kommt der Lärm einer akustischen Enteignung gleich. Die Ohnmacht, die man angesichts der Invasion durch den Schall der anderen erlebt, wird noch gesteigert, wenn der Nachbar seinen Schall als Barrikade benutzt. Ist die Musik laut genug, kann er das Klingeln an der Tür nicht hören – und er will es auch nicht hören. »Durch nichts, aber auch durch nichts kann man Menschen so aus dem Häuschen bringen als dadurch, dass man ihnen verbietet, gewohnten Lärm zu machen«, schreibt Tucholsky. Denn wer sich über den Lärm der Nachbarn beschwert, erlaubt sich seinerseits einen Übergriff auf fremdes Territorium. Er besetzt den Raum des anderen negativ und wird damit ebenfalls zum Aggressor. Wenn man bei jedem Geräusch damit rechnen muss, dass der Nachbar mit dem Besenstiel an die Zimmerdecke klopft, fühlt man sich nicht mehr zu Hause.

Der schlimmste Lärm

»Der Säbeltanz von Chatschaturian und ein bayrisches Bierzelt – so ungefähr stelle ich mir die Hölle vor.«

»Wenn mich etwas aufweckt: der Wecker der Nachbarn, den ich durchs offene Fenster höre, oder eine Tür, die zugeschlagen wird.«

»Eine CD, die hängenbleibt. Dieses Repetiergeräusch halte ich nicht aus, da drehe ich völlig durch.«

»Die Patrouille Suisse mit ihrer Kunstflieger-Staffel. Wenn die ihre Übungsflüge machen, zittern bei uns die Gläser im Schrank, ein sinnloser Lärm, der Tausende von Menschen beeinträchtigt. Das gehört verboten!«

»Ein tropfender Wasserhahn. Die Gestapo hat das als Foltermethode benutzt.«

Der Lärm der Glocken und die Götter

DAS LAUTESTE GERÄUSCH, das die Natur hervorbringt, ist auch ihr geheimnisvollstes. Der Donner hat keine Schallquelle – es ist, als käme er aus dem Nichts. Auch wenn wir heute wissen, wie er entsteht, scheuen wir doch davor zurück, ihn als Lärm zu bezeichnen, denn trotz allem Fortschritt haben wir auch heute keine Macht über den Donner. Die Menschen früherer Zeiten konnten sich für den Donner keinen anderen Ursprung vorstellen als eine göttliche Macht. Der Donnerkeil verleiht Zeus, Jupiter und Donar Unbesiegbarkeit. Wer Macht hat über den Schall, hat Macht, und so befinden sich Donner und Blitz als Waffe immer in der Hand des Mächtigsten der Götter.

Wo es nur einen Gott gibt, gebietet dieser auch über den Donner. Im Alten Testament begegnet Jahwe seinem Volk im Donner, sei es um ihm zu drohen und es zu bestrafen, sei es, um sich ihm zu offenbaren. Wie Gott kennt auch der Schall keine Grenzen. Er durchdringt alles, und das stets offene Ohr gewährt dem Wort Gottes ohne Umwege Einlass ins Bewusstsein der Menschen. Alle drei monotheistischen Religionen bevorzugen das Hörbare gegenüber dem Sichtbaren, denn nur in der Unsichtbarkeit liegt die Macht. Wenn Gott spricht, muss alles andere ruhen. »Im Anfang war das Wort«, heißt es deshalb, und »Du sollst dir kein Bildnis machen«. Über ein Bild kann der Betrachter verfügen, denn es existiert auch außerhalb seines Bewusstseins. Er bestimmt, wann und aus welcher Distanz er es betrachtet, und wenn er es nicht mehr sehen will, schließt er die Augen. Hören dagegen ist eine intime Form der Wahrnehmung. Es macht den Hörer zum Komplizen des Gehörten, denn dieses nimmt erst in seinem Bewusstsein Gestalt an. Gegenüber Gott ist der Akt des Zuhörens schon ein Gehorchen, denn allein Gott bestimmt, wann er zu den Menschen spricht. Die Menschen müssen sich seinem Wort zuwenden, solange es erklingt.

Jede Zivilisation, jede Epoche klingt anders, denn mit jedem technischen Fortschritt entlässt der Mensch, dessen Stimme von Natur aus keine große Reichweite hat, neue Geräusche in die Welt, wohl oder übel. Als die Menschen lernten, Metall zu bearbeiten, entstanden Klänge, wie sie noch niemand gehört hatte. »Nun erst klirrte die Härte des Eisens, schnarrten die Sägen – Menschen der Urzeit spalteten noch mit Keilen die Stämme«, schreibt Vergil in *Georgica*. Cicero beneidet im fünften Buch der *Gespräche in Tusculum* die Gehörlosen, weil sie »das Kreischen der Säge, wenn sie geschärft wird«, nicht hören müssen. In der Natur gibt es kaum Geräusche, die an die Schmerzgrenze des Gehörs gehen. Der Schlag von Metall auf Metall übertraf an Lautstärke und Schärfe alles, was die Welt bis dahin kannte. Nun machten die Menschen die Erfahrung, dass Hören wehtun kann.

Der neue, gefährliche Klang strahlte Macht aus. In seiner Kühle und Klarheit rührte er ans Heilige – seit Urzeiten wurde bei kultischen Zeremonien auf Instrumenten aus Metall gespielt. Das Christentum übernahm den Metallklang mit den Kirchenglocken. Ihr Schall erreichte alle Gläubigen eines Kirchensprengels und wurde daher als Medium für Nachrichten benutzt. Das Geläut rief nicht nur zum Gottesdienst, sondern es diente auch als Feueralarm und zur Bekanntgabe von Todesfällen.

Der Macht des geweihten Metalls wurden in der Sphäre des Unsichtbaren die verschiedensten Wirkungen zugesprochen. So legte sich der Glockenschall wie eine Haube über die Dorfgemeinschaft und zerstreute den Hagel noch in der Luft. Unwetter hielt man durch Wetterläuten vom Dorf fern – ein Glaube, der sich offenbar durch Blitzeinschläge in Kirchtürme nicht erschüttern ließ. Geisterwesen waren empfindlich gegenüber dem Glockenklang. Wurden in der Walpurgisnacht die Kirchenglocken geläutet, flogen die Hexen einen Umweg, und Erdgeister wie Kobolde oder Zwerge mussten wegziehen, wenn eine Kirche gebaut wurde. Die Wirkung des Lärmzaubers ist ambivalent, wie bei vielen magischen Bräuchen. Am Polterabend und in der Silvesternacht soll der Lärm böse Geister vertreiben, im Frühling dagegen schlägt man mit Pfannen und Schellen an Kirschbäume, um jene Geister zu rufen, die alles wachsen lassen und für eine reiche Ernte sorgen. Auch die Totenglocke hat eine doppelte Bedeutung. Ihr Klang schützt die Seele des Sterbenden vor Unheil, doch er sorgt auch dafür, dass der Tote nicht in die Welt der Lebenden zurückkehrt.

Die besondere Bedeutung, die der Klang der Kirchenglocken für uns hat, entspringt nicht nur dem Aberglauben. *Glocken der Heimat* heißt eine Sendung des Schweizer Radios DRS, denn für viele Menschen sind die Klänge der Glocken auch Klänge der Kindheit. Ähnlich wie Gerüche lässt das Glockengeläut Erinnerungen und Sehnsüchte aufsteigen. »Das erinnert mich immer an meine frühen Jahre, die ich in Brienne verbracht habe. Damals war ich glücklich!«, soll Napoleon seinem Sekretär gesagt haben; er pflegte jeweils das Gespräch zu unterbrechen, um dem Läuten zu lauschen. Weil sie über die Erinnerungen Macht hat, reiht Alain Corbin die Kirchenglocke in »die Arsenale des Selbst« ein, wie er es in seinem Buch *Die Sprache der Glocken* ausdrückt. In den Archiven fand Corbin für die Zeit zwischen 1793 und 1914 mehr als

10 000 ›Glockenaffären‹ dokumentiert, juristische Streitigkeiten, bei denen »die Mannigfaltigkeit der Diskussionen, die Erbitterung der Konflikte, die Hartnäckigkeit der Rivalitäten, ja der Hassgefühle« zeige, welch zentrale Rolle die Glocken im Leben der Dorfbewohner des 18. und 19. Jahrhunderts spielten. Man wetteiferte etwa darum, welche Glocke am schönsten klang. Im Leben eines Dorfes war das Neugießen einer Glocke ein herausragendes Ereignis, der Glockenraub dagegen ein Verbrechen, das die Beziehungen zwischen Dörfern auf Generationen hinaus belasten konnte. Nach der Französischen Revolution schließlich entbrannte der Kampf um die Hoheit über den Glockenklang: Viele Kirchengemeinden durften ihre Glocke nicht mehr läuten, doch widersetzten sie sich diesen Anordnungen, wo immer sie konnten.

Im ländlichen Leben früherer Zeiten gab es kein Klangereignis, das sich mit dem Geläut der Kirchenglocken hätte messen können. Wenn die Glocken läuten, wird es still im Inneren, denn ihr Schall übertönt alles, auch das Selbstgespräch im Kopf. Das Geläut am Sonntagmorgen wirkt als Zäsur, die den Alltag von der Sphäre der Religion trennt und die Gläubigen vor dem Gottesdienst zur Einkehr ruft. Auch außerhalb des Religiösen rührt das Glockengeläut an die Transzendenz. Das Ende des Zweiten Weltkriegs wurde in der Schweiz durch das Läuten sämtlicher Kirchenglocken im Land verkündet, dem einzigen Klang, der der Tragweite des Geschehens entsprach.

Wenn die Kirchenglocken am Sonntagmorgen minutenlang läuten, hören wir heute allerdings etwas anderes als die Generationen vor uns, und es ist zweifelhaft, ob ein landesweites Glockengeläut heute noch als Friedensbotschaft begriffen würde. Denn auch Glockengeläut kann Lärm sein. »Was das Glockenläuten zur Ruhe der Verstorbenen beitragen mag, will ich nicht entscheiden; den Lebenden ist es abscheulich«, schreibt Georg Christoph Lichtenberg über die Totenglocke am Totensonntag. Die Kirchenglocken flößten ihm keine Ehrfurcht ein, denn für ihn als bekennenden Atheisten hatte die Kirche keine Autorität.

Die Säkularisierung ist jedoch nur der erste Schritt zur Entfremdung vom Glockengeläut. Uns trennen heute auch die Hörgewohnheiten vom Klang der Glocken. Das langsame, gewichtige Schwingen, die Rhythmen der verschiedenen Glocken, die sich allmählich auseinanderbewegen und dann wiederfinden, die Schwere des Klangs – eine solche Klanggestalt, die sich durch ihre Eindringlichkeit in die Köpfe schiebt, ist in unserer von Pop-Rhythmen gerasterten Welt ein akustischer Fremdkörper. Während tausend Jahren hatten die Kirchenglocken alles zum Stillstand gebracht. Doch wir wollen nicht innehalten und uns besinnen. Die akustische Besetzung des Schlafzimmers am Sonntagmorgen erscheint uns als eine Zumutung – und so sieht sich heute fast jede Kirchenpflege mit dem Protest gegen das Glockengeläut konfrontiert. Auch in diesem Lärmkonflikt geht es um Macht. Das Kirchengeläut hat sich in unseren Köpfen in Lärm verwandelt, weil das Geläut der Glocken lauter ist, als es der Macht der Kirche entspricht.

Das Christentum ist nicht die einzige Religion, die ihren Geltungsbereich mit einem akustischen Wahrzeichen markiert. Im Islam ist es der Gebetsruf des Muezzins, der die Gläubigen innehalten lässt und das Terrain absteckt. Macht äußert sich im Schall, und deshalb sind Minarette in westlichen Gesellschaften ein Politikum. Während das Kopftuch als bloß sichtbares Zeichen keinen Machtanspruch symbolisiert, löst schon die bloße Vorstellung eines Gebetsrufs Panik aus. Hat die christliche Kirche in der modernen Gesellschaft ihre Lärmlizenz eingebüßt, wird sie dem Islam von vornherein verweigert: Die politische Korrektheit endet dort, wo sich eine Minderheit hörbar machen will.

Das Judentum wiederum hatte zweitausend Jahre lang kein Territorium, in dem es die Hoheit über den Schall hätte beanspruchen können. In der Diaspora wurde den Juden nie eine Lärmlizenz zugestanden, im Gegenteil: Oft mussten sie sich still verhalten um zu überleben. Deshalb hat das Judentum als einzige monotheistische Religion kein weitreichendes Klangmerkmal. »Hier dürfen wir endlich laut sein!«, antworten manche Israelis auf die Frage, warum sie um jeden Preis in Israel leben wollen.

Schlachtenlärm

Die Stadt Jericho verschanzte sich gegen den Angriff der Israeliten hinter der Stadtmauer. »Niemand ging hinaus und niemand hinein«, heißt es im 6. Kapitel des *Buchs Josua*. Doch Gott wollte die Stadt in Josuas Hand geben, und so sagte er ihm, wie die Mauer zum Einsturz gebracht werden konnte. »So zieht denn um die Stadt, alle Kriegsleute, rings um die Stadt herum, einmal; so sollst du sechs Tage tun. Und sieben Priester sollen sieben Posaunen aus Widderhörnern vor der Lade her tragen. Am siebenten Tage aber sollt ihr siebenmal um die Stadt herum ziehen, und die Priester sollen in die Posaunen stoßen. Und wenn man das Widderhorn bläst und ihr den Schall der Posaunen hört, so soll das ganze Volk ein lautes Feldgeschrei erheben; dann wird die Stadtmauer in sich zusammenstürzen.« Und so geschah es. Niemand weiß, ob der Sturz der Stadt Jericho tatsächlich durch Posaunenklänge herbeigeführt wurde – doch so, wie die Geschichte im Alten Testament erzählt wird, enthält sie eine Botschaft über die Wirkung des Lärms. Das Zeremoniell nämlich, mit dem die Priester die Stadt vor ihrer Lärm-Attacke an sechs Tagen umkreisten, lässt darauf schließen, dass es nicht der Schall allein war, der das Gemäuer zum Einsturz brachte, denn dazu hätte es genügt, wenn sich die Priester vor die Mauer gestellt und in die Posaunen geblasen hätten. Die Taktik, die Stadt zuerst an sechs Tagen je einmal zu umrunden, ohne in die Posaunen zu blasen, ist ein Akt der psychologischen Kriegsführung. Als er endlich kam, muss der Lärmangriff, den die Bewohner der Stadt erwarteten und doch nicht vorhersehen konnten, einen Nervenzusammenbruch der ganzen Stadt ausgelöst haben, denn er zielte auf die Seelen. Die Botschaft des plötzlichen Lärms lag in seiner Unberechenbarkeit: Damit zeigten die Priester den Eingeschlossenen, dass sie keine Kontrolle über ihr Schicksal hatten und Widerstand zwecklos war.

Das Ohr ist die seelische Achillesferse des Menschen, und es lässt sich überdies bequem aus der Ferne durch die Luft erreichen – dies macht den Lärm zu einer wirkungsvollen Waffe, wenn eine Invasion nicht möglich ist. So zogen in den 1950er-Jahren die DDR-Behörden mit Rockmusik gegen Bauern zu Feld, die sich der Kollektivierung ihrer Bauernhöfe widersetzten – Tag und Nacht wurden die Dörfer von Lastwagen aus mit lauter Musik beschallt. Der Vorteil der Lärmwaffe ist allerdings auch ihr Nachteil: Weil der Schall überallhin gelangt, trifft er auch diejenigen, die nicht gemeint sind. Als die amerikanische Armee Ende 1989 den panamaischen Diktator Manuel Noriega durch laute Rockmusik dazu zwingen wollte, sein Asyl in der vatikanischen Botschaft aufzugeben, musste die Beschallung nach wenigen Tagen abgebrochen werden. Die Lage war auch für das Botschaftspersonal untragbar geworden.

Der Einsturz der Mauer von Jericho ist eine Metapher für die verheerende Wirkung des Lärms auf die Seele. Er bringt buchstäblich die inneren Mauern ins Wanken. Indem der Lärm das Selbst seines Schutzes gegen Reize von außen beraubt, macht er es verwundbar. Wer über den Lärm verfügt, verfügt über Macht, deshalb erlebt sich als ohnmächtig, wer dem Lärm anderer ausgesetzt ist. Dies macht den Lärm zu einem wirksamen Mittel, wenn es darum geht, Menschen unter Druck zu setzen. Er gehört zum Arsenal der ›weißen Folter‹, bei der sich keine körperlichen Spuren nachweisen lassen und die von der Administration Bush im Rahmen der verschärften Verhörmethoden gegenüber Terror-Verdächtigen zugelassen worden war. Die Beschallung soll dem Gefangenen ein Gefühl von ›futility‹ vermitteln mit dem Ziel, seinen Widerstand zu brechen, noch bevor das Verhör begonnen hat. Wie Augenzeugen berichten, seien neu angekommene Häftlinge auf dem Militärstützpunkt in Bagram nackt in dunkle Räume gesteckt und tagelang lauter Musik ausgesetzt worden. Die Lärmfolter habe im Verhör oft dann begonnen, wenn der Gefangene die ersten unbefriedigenden Antworten gegeben habe wie »Ich weiß es nicht« oder »Darüber habe ich keine Information«. Außerhalb des Verhörs bestand die Lärmfolter darin, die Häftlinge 24 Stunden am Tag mit lauter Musik oder anderen Geräuschen zu beschallen, so dass sich die Wirkung des Lärms durch den Schlafentzug potenzierte. Manchmal wurde der Lärm auch nach dem Zufallsprinzip an- und ausgeschaltet; diese Methode verstärkte bei den Gefangenen das Gefühl des Kontrollverlusts. Die Soldaten waren frei in der Wahl des Schalls – sie mussten selbst herausfinden, welcher Lärm für die Opfer am schlimmsten und somit als Folter am wirksamsten war. Dorfbewohner und islamische Fundamentalisten, so heißt es, reagierten besonders stark auf westliche Rockmusik, doch auch Babygeschrei, schallendes Gelächter oder ›Gespenstergeräusche‹ wurden als unerträglich empfunden. Am wirksamsten seien Kinderlieder, berichtet ein Armee-Angehöriger. Der Titelsong der *Sesamstraße* bringe die stärksten Männer zum Reden. »Wenn man es 24 Stunden lang spielt, geraten die Gehirn- und Körperfunktionen ins Rutschen, das Denken verlangsamt sich, und schließlich ist der Wille gebrochen. Dann kommen wir rein und reden mit ihnen.«

Der Lärm gehört zum Krieg, nicht nur als Nebenprodukt der Schlacht, sondern als Waffe. Die deutsche Wehrmacht setzte im Zweiten Weltkrieg eine Lärmmaschine namens ›Jericho-Trompete‹ ein: Beim Bombenabwurf heulte am Fahrgestell des Flugzeugs eine Sirene auf, die den Gegner weit über den Sprengradius der Bombe hinaus in Schrecken versetzen sollte. Bei der psychologischen Kriegsführung spielen Lärmrituale in allen Armeen eine wichtige Rolle. Sei es das Kriegsgeheul der Indianer, das Schilderschlagen der Germanen oder die Operation ›Shock and Awe‹ der amerikanischen Offensive im Irak – immer geht es darum, einerseits dem Feind eine Übermacht zu suggerieren und andererseits die Kampfmoral der eigenen Truppen zu stärken. Denn der Lärm manipuliert das Bewusstsein auf beiden Seiten.

Der Krieg ist die größte Lärmentfesselung, die der Mensch zustande bringt. Dies galt schon für die Zeit vor der Erfindung des Schießpulvers, doch Maschinengewehre, Bomben und Granaten verstärkten den Schlachtenlärm ins Unermessliche. »Ich schien mir gerade die windigste Ecke ausgesucht zu haben. Leichte und schwere Kugelminen, Flaschenminen, Schrapnells, Ratscher, Granaten aller Art – ich konnte gar nicht mehr unterscheiden, was da alles durcheinander schnurrte, brummte und krachte. (...) Zuweilen wurde das Ohr durch einen einzigen, von Flammenerscheinungen begleiteten höllischen Krach völlig betäubt. Dann erweckte wieder ein ununterbrochenes scharfes Zischen den Eindruck, dass Hunderte von Pfundstücken mit unglaublicher Geschwindigkeit hintereinander hersausten. Zuweilen fuhr mit kurzem, schwerem Stoß ein Blindgänger ein, dass rings das Erdreich wackelte. Schrapnells platzten zu Dutzenden, zierlich wie Knallbonbons, streuten ihre Kügelchen in dichter Wolke aus, und die Hohlbläser fauchten hinter ihnen her. Wenn in der Nähe eine Granate einhieb, rasselte und rieselte der Dreck zu Boden, dazwischen zackten sich mit scharfem Einschlag die Splitter ein.« So klang der Erste Weltkrieg, wie ihn Ernst Jünger in seinen Aufzeichnungen beschreibt. Er gab ihnen den Titel *In Stahlgewittern*. Der Schlachtenlärm war in Konkurrenz getreten zum mächtigsten Schall der Natur.

Jüngers Wahrnehmung des Lärm-Infernos ist ambivalent. Die ästhetische Faszination für die Formen des Schalls mischt sich mit der nervlichen Erschütterung. Diese Geräusche seien leichter beschrieben als ausgestanden, so Jünger, »denn das Gefühl verbindet jeden Einzelton des schwirrenden Eisens mit der Idee des Todes, und so hockte ich denn in meinem Erdloch, die Hand vor den Augen, während an meiner Vorstellung alle Möglichkeiten des Getroffenwerdens vorbeizogen«. Das Ohr schlägt pausenlos Alarm, so dass die Soldaten in einen Zustand der Hypernervosität geraten. Schon unter zivilen Umständen gewöhnt man sich nicht an Lärm, im Krieg nimmt die Empfindlichkeit noch zu. Auch kriegserfahrene Soldaten sind keineswegs abgehärtet, wie Jünger berichtet: »Das sollte uns übrigens durch den ganzen Krieg begleiten, dieses Zusammenfahren bei jedem plötzlichen und unerwarteten Geräusch. Ob ein Zug vorüberrasselte, ein Buch zu Boden fiel, ein nächtlicher Schrei erscholl – immer stockte der Herzschlag für einen Augenblick unter dem Gefühl einer großen und unbekannten Gefahr.«

Die Beeinträchtigung des Denkens und der Wahrnehmung durch den Lärm funktioniert im Gefecht nach dem gleichen Prinzip wie bei der Folter. Keiner der Soldaten sei mehr bei klarem Verstand gewesen, schreibt Jünger, sogar das Gefühl der Schwerkraft habe unter der akustischen Belagerung versagt. Lärm zermürbt die Willenskraft. »Man hatte das Empfinden des Unentrinnbaren und unbedingt Notwendigen wie einem Ausbruch der Elemente gegenüber.« Jünger wundert sich wiederholt darüber, dass seine Soldaten einem Rückzugsbefehl gerade dann äußerst unwillig Folge leisteten, wenn ihre Lage aussichtslos war. In der Gefechtssituation lähmt der Lärm den Selbsterhaltungstrieb – daher kann eine Lärm-Attacke den Gegner seelisch kampfunfähig machen.

Die extreme Lärm-Situation des Kriegs zeigt, welche Folgen es hat, wenn der Lärm das Bewusstsein aushebelt. Wie in Jericho stürzen die Mauern ein, die das Selbst sowohl nach innen schützen, als auch nach außen begrenzen. Wie sich die Auflösung des Selbst äußert, entscheidet sich daran, ob man den Lärm erleidet oder ihn veranstaltet. Wer Lärm passiv erlebt, nimmt sich im Extremfall selbst nicht mehr wahr, und da es nichts mehr gibt, was man verteidigen kann, setzt man sich auch nicht mehr zur Wehr. Verursacht man dagegen den Lärm, bewirkt die Auflösung des Selbst nicht Resignation, sondern Euphorie. Das Selbst verliert seine Begrenzungen nach außen und wächst über sich hinaus. Man fühlt sich unverwundbar und allmächtig, und man ist taub für Leid. Soldaten, die im zivilen Leben nicht zu Gewalttaten neigen, können sich unter Lärmeinfluss in Kampfmaschinen verwandeln, die zu allem fähig sind, weil sie weder Angst noch Hemmungen kennen. Beim Einmarsch in den Irak hatten die amerikanischen Soldaten im Panzer Kopfhörer auf, um sich die nötige Dosis Heavy Metal zu verpassen.

»I'm gonna take you down – down, down, down
So don't fool around
I'm gonna pull it, pull it, pull the trigger
Shoot to thrill, play to kill …«

Die Lust am Lärm

LÄRM LÖST EINEN ADRENALINSTOSS aus, der das Herz schneller schlagen und den Blutdruck ansteigen lässt; der Körper pulsiert und schwitzt, als müsste er eine große Anstrengung leisten. Wie im Krieg ist auch im Alltag die Wirkung des Lärms vom Kontext abhängig. Ein hoher Schallpegel kann euphorisierend oder niederschmetternd wirken, je nachdem, ob man sich dem Lärm freiwillig aussetzt oder ihm ausgeliefert ist. Bei einem Rockkonzert wirkt der Schall wie eine Droge: Er bläst die Gedanken aus dem Kopf und setzt orgiastische Energien frei – und genau das suchen jene, die dorthin gehen, wo es laut ist. Doch die Sehnsucht nach Entgrenzung gibt es nicht nur in der modernen Freizeitkultur. Auch die Religionen nutzen die psychedelische Potenz des Schalls. Die Wiederholung eines Mantras, der Puls schwingender Glocken oder das Obertonsingen, bei dem sich der ganze Körper in einen Resonanzraum verwandelt – das alles sind Schalltechniken, die den Alltag aus dem Bewusstsein drängen und den Geist in Trance versetzen sollen.

Ohne Lärm keine Feier und kein Exzess, denn Lärm ist ein Mittel, um die Kontrollinstanzen des Bewusstseins auszuschalten. Die traditionelle ›Guggemusig‹ auf der Schweizer Fasnacht muss nicht schön sein, nur laut und ausdauernd, denn zumindest für eine kurze Zeit soll sie uns von den Hemmungen und den Beschränkungen der Zivilisation befreien. Der Sinn des Karnevals besteht in der Aufhebung der gesellschaftlichen Regeln – nach der Theorie des russischen Literaturwissenschaftlers Michail Bachtin garantiert der kontrollierte Regelverstoß, dass die Regeln danach umso zuverlässiger eingehalten werden, denn wenn man drei Tage lang die Sau rauslassen darf, fällt es leichter, sie während des restlichen Jahrs wieder einzusperren. Die strikte zeitliche Begrenzung ist eine Voraussetzung für den Karneval, einem Brauch aus vormoderner Zeit, als die Feiern noch die ganze Gemeinschaft erfassten. Gemeinschaftlicher Lärm ist nur dann legitim, wenn alle mitfeiern, die in Hörweite sind, deshalb tut man gut daran, die Nachbarn zur Party einzuladen, wenn man sie sich nicht zum Feind machen will. Und weil alle vom Lärm betroffen sind, muss es Zeiten geben, in denen nicht gefeiert wird.

In unserer Gesellschaft sind überbordende Feste nur noch ein Gerücht – allenfalls an Silvester berauscht man sich am gemeinsamen Lärm. Wir begrenzen unsere Lärmbräuche nicht mehr zeitlich, sondern räumlich. In Diskotheken und Sportstadien ist es das ganze Jahr laut, doch nur für diejenigen, die sich in diese Räume begeben. Der Rest der Gesellschaft nimmt den schallisolierten Exzess nur am Rande wahr. Doch diese Abspaltung hat Folgen für das Feiern. Wenn nicht alle mitsaufen, verliert die Entgrenzung des Rauschs ihren Sinn, und auf einmal liegt das Jämmerliche ganz nahe beim Grandiosen. Man tritt mit rauschenden Ohren aus der Disko, und auf einmal fühlt man sich fremd auf der nächtlichen Straße, wie ein Junkie, der auf der Parkbank vor sich hin starrt, abgetaucht in die private Welt seines veränderten Bewusstseins.

Der Lärm gehört zu den legalen Drogen, doch er ist nicht harmlos. Sehen wir von der Gefährdung des Gehörs einmal ab, ist der Mensch selbst eine Gefahr, wenn sein Körper unter Adrenalin steht. Eine kleine Provokation genügt, um die Euphorie in Gewalt umschlagen zu lassen, deshalb kommt es vor Diskotheken so leicht zu Schlägereien und deshalb fahren Diskobesucher auf dem Heimweg mit dem Auto oft zu schnell. Lärm ist ein Ersatz für Macht, die einem im wirklichen Leben versagt bleibt. Schon kleine Kinder nutzen den Lärm in dieser Weise, wenn sie ihre Ohnmacht mit Gebrüll kompensieren. Niemand entkommt dem Heulen des Motors einer Harley-Davidson, die nachts eine ganze Stadt aus dem Schlaf reißt. Lärm ist die Rache des kleinen Mannes, der auf dem Motorrad sitzt. Er genießt nicht nur die Geschwindigkeit und den ›Sound‹ seiner Maschine. Für ein paar Sekunden ist er Alleinherrscher in dem Territorium, durch das er fährt.

Der schlimmste Lärm

»Baumaschinen, die können unglaublich laut sein. Und noch was Schönes: Zähne schleifen beim Zahnarzt!«

»Wenn ich irgendwo sitze und die Familienmitglieder sich streiten. Wenn sie dann auch noch vulgäre Ausdrücke benutzen, das geht mir ungeheuer auf die Nerven.«

»Wenn mein kleiner Bruder ständig dreinredet, wenn ich Mama etwas erzähle.«

»Ein Wecker, der laut tickt. Das höre ich auch aus großer Entfernung.«

»Manche Drogerie-Ketten haben ein eigenes Fernsehprogramm, das man sich beim Einkaufen anhören muss. Das ist für mich ein Grund, diese Läden nicht mehr zu betreten.«

Der Lärm von früher

WIR KÖNNEN NICHT WISSEN, wie die Welt früher geklungen hat oder wie die Menschen die Geräusche ihrer Zeit gehört haben, denn Lärm hinterlässt keine archäologischen Spuren. Doch selbst wenn etwa aus dem alten Rom Tondokumente überliefert wären, wüssten wir nicht, welche Geräusche die Menschen damals als Lärm empfunden haben. Jede Gesellschaft und jede Epoche hat ihre eigene Lärmsignatur und ihre eigene Lärmempfindlichkeit. Dass Südländer mehr Lärm machen (und vertragen) als Bewohner des Nordens, mag am Temperament liegen, doch es hat auch damit zu tun, dass sich in den wärmeren Ländern das Alltagsleben im Freien abspielt. Wo keine Wände sind, kann der Schall in alle Richtungen entfliehen. In geschlossenen Räumen dagegen werden die Menschen zu Gefangenen des Lärms.

Auf dem Land gibt es naturgemäß weniger Lärm als in der Stadt, und überdies finden sich hier kaum anonyme Schallquellen. Man weiß, wessen Hund bellt und wessen Kinder sich zanken; man erkennt das Geräusch des Postboten und des Milchwagens.

Das bedeutet jedoch nicht, dass es in dieser vertrauten Klanglandschaft nicht laut sein kann. In den pittoresken Dörfern der Toskana beispielsweise ist die Klangarchitektur des Mittelalters unverfälscht erhalten: Die steinernen Flächen der verwinkelten Straßen verstärkten den Schall früher ebenso wie heute. Weil die Fenster des gegenüberliegenden Hauses oft nur eine gute Armlänge entfernt sind, hört man zur Mittagszeit sämtliche Radios, Gespräche und Zankereien der Nachbarn. Man fällt aus dem Bett, wenn frühmorgens die erste Vespa durch die Gassen knattert – doch ein rumpelndes Pferdefuhrwerk dürfte auf den Pflastersteinen kaum leiser gewesen sein.

Je mehr Menschen zusammenleben, desto größer ist der Krach. In der Millionenstadt Rom muss ein unvorstellbarer Lärm geherrscht haben. Horaz hat uns davon im zweiten Brief des zweiten Buchs der *Episteln* ein literarisches Zeugnis hinterlassen: »Da kommt mit brennendem Kopf ein Bauunternehmer dahergerannt mit seinen Maultieren und Lastträgern, Krane ziehen hier einen Steinblock, dort einen riesigen Balken in die Höhe, düstere Leichenzüge kämpfen mit schweren Lastfuhrwerken, hier läuft ein tollwütiger Hund, dort stürzt ein schmutziges Schwein heran. So, jetzt geh hin und sinne in deinem Inneren auf wohlklingende Verse!« Zum Dichten müsse man aufs Land ziehen, meint Horaz – »ich soll inmitten des Lärms, der Nacht und Tag durchtobt, dichten?«. Juvenals *Dritte Satire* handelt von den Übeln des Großstadtlebens, und auch er berichtet vom Lärm. »Wagen biegen in scharfer Wendung um die Straßenecken, die Treiber schimpfen laut, wenn ihre Herde nicht weiter kann – all das würde einem Drusus oder einem Meerkalb den Schlaf rauben.« Nicht zufällig spricht Juvenal vom Schlaf, denn in Rom waren die Nächte möglicherweise lauter als die Tage. Weil die Straßen tagsüber hoffnungslos mit Menschen verstopft waren, wurden sämtliche Vehikel zwischen Sonnenaufgang und Sonnenuntergang aus der Stadt verbannt, mit der Ausnahme von Baukarren und Leichenwagen. Der gesamte Reise- und Handelsverkehr fand daher in den Nachtstunden statt. »Hier sterben viele, weil Schlaflosigkeit sie krank gemacht hat (...), in welcher Mietwohnung kann man schlafen? Sehr reich muss man sein, um in Rom schlafen zu können.« Nur die Reichen konnten sich eine Villa mit Garten und somit Abstand zum Straßentreiben leisten.

Doch bei aller Klage gab es auch im alten Rom die Lust am Lärm. Mit nichts konnte ein Machthaber seine Beliebtheit im Volk wirkungsvoller steigern als mit Gladiatorenkämpfen. Im Amphitheater muss der Lärm eine infernalische Lautstärke erreicht haben. Cäsar veranstaltete Spiele, bei denen sich in der Arena je fünfhundert Mann zu Fuß sowie dreihundert Reiter und zwanzig Elefanten gegenüberstanden. Das Gebrüll der Bären,

Stiere, Löwen, Leoparden, Elefanten und Nilpferde, dazu das Stöhnen der verletzten Gladiatoren, die Schreie der Todgeweihten, die von den Tieren zerrissen wurden – und schließlich das Toben von bis zu 50000 Zuschauern, die sich an Blut und Lärm berauschten. Ob ein Rockkonzert heute lauter ist?

Die Römer mochten noch unter dem Lärm gelitten haben, doch im Mittelalter rückte ein anderes Ärgernis in den Vordergrund: der Gestank. Den Gerichtsakten zufolge jedenfalls gaben störende Gerüche damals viel häufiger Anlass zu Klagen als störende Geräusche. Dies muss nun nicht heißen, dass es in den mittelalterlichen Städten weniger lärmig zugegangen wäre als im alten Rom, doch mit Sicherheit wurde der Gestank größer, denn zu den Errungenschaften, die mit dem Untergang des Römischen Reichs in Vergessenheit geraten waren, gehört die Kanalisation. In den mittelalterlichen Städten verwesten Kadaver in den Straßen, Fäkalien trieben in der Kloake, Abfall verrottete auf stinkenden Haufen. Wenn der Gestank auch schlimmer war als der Lärm – von Ruhe konnte etwa in London keine Rede sein. Der Architekt James Gibbs musste beim Bau der Kirche St. Mary-le-Strand 1714 auf Fenster im Erdgeschoss verzichten, da der Straßenlärm sonst den Gottesdienst gestört hätte. Das Treiben in den Straßen beschreibt der Londoner Dramatiker Thomas Dekker 1607 folgendermaßen: »Yea, in the open streetes is such walking, such talking, such running, such riding, such clapping too of windowes, such rapping at Chamber doores, such crying out for drink, such buying vp of meate, and such calling vppon Shottes, that at euery such time, I verily beleeue I dwell ihn a Towne of Warre.« (»Ja, in den offenen Straßen ist ein solches Gehen, Reden, Rennen, Reiten, Fensterklappern, Türklopfen, Nach-Getränken-Rufen, Fleischkaufen, dass ich jedes Mal wahrhaftig glaube, ich wohne in einer Stadt im Krieg.«)

Jeder Fortschritt bringt neue Geräusche in die Welt – doch gleichzeitig lässt er jene Geräusche verschwinden, die von der überholten Technik verursacht worden waren. Die Städte des Mittelalters waren voll von Klängen, die wir nicht mehr kennen: das Hämmern des Schmieds, das Klappern der Mühlen, das Poltern von Rädern und Fässern auf den Pflastersteinen und schließlich das Gebrüll der Marktschreier, die den ganzen Trubel übertönen mussten, wenn sie ihre Ware verkaufen wollten – und erst die Laute der Tiere, die frei auf der Straße herumliefen. »He that loves noise must buy a pig«, lautete ein Sprichwort. Doch immerhin während der Nachtstunden scheint es in London einigermaßen ruhig gewesen zu sein. Laut den Marktregeln von 1595 zumindest war es nach der Sperrstunde um neun Uhr abends verboten, eine Schlägerei anzuzetteln, zu singen oder seine Frau zu schlagen.

Ob sich die Stadtbewohner damals nach Stille

sehnten? Oder konnten sie sich einen anderen akustischen Alltag gar nicht vorstellen, da sie ja nicht die Möglichkeit hatten, in die Berge oder ans Meer zu fahren und damit in eine andere Geräuschwelt einzutreten? Wir wissen es nicht. Zumindest den Typus des krankhaft Lärmempfindlichen muss es auch früher schon gegeben haben. In Ben Jonsons Komödie *Epicoene, or The Silent Woman* (1609) begegnet er uns als »a gentleman that loves no noise«. Mit diesen Worten wird der alte Geizkragen Morose (›Der Griesgrämige‹) eingeführt. Er macht seinem Namen alle Ehre, denn mit seiner Griesgrämigkeit terrorisiert er seine Umgebung mindestens so sehr wie diese ihn. Im Haus trägt Morose einen ganzen Turban von Nachtmützen, die er sich über die Ohren zieht. Für seine Wohnung hat er sich eine Straße ausgesucht, die für den Wagenverkehr zu eng ist, und die Stadtwächter mit ihren Trompeten bezahlt er dafür, dass sie sein Stadtviertel bei ihren Runden auslassen. Um dem Glockengeläut der Kirchen zu entkommen, pflegte er früher die Stadt am Wochenende zu verlassen, als er dafür zu krank wurde, ließ er in sein Zimmer Doppelwände einbauen. Und dort sitzt er nun mit verbarrikadierten Fenstern und bei Kerzenlicht. Diener mit knarrenden Schuhen entlässt er fristlos, sein Butler bedient ihn in Socken.

Die Figur des Morose geht über eine bloße Karikatur weit hinaus. Ben Jonson schildert den Lärmneurotiker als einen Typus, den es wohl zu allen Zeiten gegeben hat. Auf subtile Weise zeigt er, dass Lärmempfindlichkeit eine Form von Narzissmus ist. Denn Morose kann nur den Klang seiner eigenen Rede ertragen. Mit dem Dienstpersonal unterhält er sich durch ein Rohr; doch schließlich ist ihm auch das zu laut, und man darf ihm nur noch mit Zeichen antworten. So viel Lärmempfindlichkeit schreit nach Lärm, und Morose bekommt, wonach es ihn insgeheim verlangt, nämlich noch mehr Lärm, um sich darüber zu beklagen. Aus Spaß und um ihn zu ärgern, schickt man ihm einen Bärenwärter mit bellenden Hunden vors Haus oder einen Fechter samt Trommel. Meist enden diese Aktionen blutig.

Der schlimmste Lärm

»Grölende Primaten, betrunken oder nach Fußballspielen, vor allem im Zug oder Bus. Generell stört mich vermeidbarer Lärm am meisten.«

»Wenn jemand seine Fingerknöchel knacken lässt. Das spüre ich jedes Mal in meinen eigenen Knochen.«

»Ich bin Maurer, aber der Lärm meiner Maschinen stört mich nicht, das ist ja unvermeidlicher Lärm. Außerdem bin ich Motorradfahrer, und ich habe eine schwere, laute Harley-Davidson. Die Maschine muss laut sein, das gehört zum guten Gefühl beim Fahren. Aber wenn wir mit dreißig Mann losfahren, dann gibt's von der Polizei gleich Bußenzettel! Dabei stört der Lärm gar nicht alle Menschen, viele winken uns zu am Straßenrand.
Ein Lärm, der mich wirklich stört: Wenn die Propellerflugzeuge vom Flughafen hinter meinem Haus starten und dann übers Dach wegdonnern. Diese Privatmaschinen, die drehen nur eine Runde über Berlin und kommen nach einer Viertelstunde schon wieder zurück. Und ich falle am Samstagmorgen früh um sieben aus dem Bett! Wer sich so eine Maschine leisten kann ... *dafür* sollte es Lärmvorschriften geben!«

Das Drama des Lärms

FÜR DIE LÄRMHAFTIGKEIT eines Geräuschs gibt es keinen objektiven Maßstab, denn jeder Kopf leidet anders. Morose empfindet noch das leiseste Geräusch als Lärm, während für die Besucher eines Rockkonzerts die Musik selbst dann kein Lärm ist, wenn sie ihnen in den Ohren wehtut. Je mehr man sich über einen Lärm aufregt, desto besser hört man ihn – bis es einem schließlich geht wie jenem Mann, »der in den weiten Räumen seines Hauses nach Schlaf sucht, dessen Ohr kein Laut berühren darf, weshalb denn die ganze Dienerschaft in tiefstem Schweigen verharren muss und nur mit schwebendem Fuß seinem Lager sich nähert; denn er wälzt sich von einer Seite zur anderen und lechzt inmitten seiner Beängstigungen nach einem Schimmer von Schlaf. Selbst was er nicht hört, beklagt er sich, gehört zu haben.« Diese Beschreibung krankhafter Lärmempfindlichkeit stammt vom römischen Philosophen Seneca. Im 56. *Brief an Lucilius* entwirft er eine umfassende Theorie des Lärms.

Der Titel des Briefs lautet: *Das geräuschvolle Leben zu Baiae, das der Weise ertragen, aber für die*

Dauer nicht erwählen wird. In einem Selbstversuch will Seneca beweisen, dass der Lärm einem echten Denker nichts anhaben könne, und so bezieht er im berühmten Kurort Baiae direkt über dem Bad Quartier. »Zum Henker mit mir, wenn wirklich für den in Studien Vertieften die Stille der Umgebung so unentbehrlich ist, wie man gemeinhin meint. Umrauscht mich doch hier der mannigfachste Lärm von allen Seiten.« Auf seinem Horchposten entgeht Seneca kein einziges Geräusch des Vergnügungsbetriebs. »Wenn Leute kräftigeren Schlages ihre Übungen anstellen und ihre mit Blei beschwerten Hände nach allen Richtungen hin in Bewegung setzen, wenn sie sich anstrengen, sei es wirklich oder bloß dem Anschein nach, dann vernehme ich allerhand Stöhnen, und wenn sie den angehaltenen Atem wieder von sich geben, mancherlei Zischen unter schwerem Aufatmen. Gerate ich in die Nähe eines energielosen Menschen von der Sorte derjenigen, die sich auf die übliche Einsalberei beschränken, dann vernehme ich ein Klatschen der auf die Schultern aufprallenden Hände, das seine Tonart wechselt, je nachdem die Hand entweder flach oder hohl auffällt.«

Weiter geht es mit Ballspielern, die ihre Bälle zählen, dem allgemeinen Gezänk und dem Geschrei, wenn ein Dieb geschnappt wird, schließlich dem Geträller der Badenden, die sich tosend ins Wasser platschen lassen. »Dazu denke dir einen dienstbeflissenen Haarzupfer, der, um sich nach Möglichkeit bemerkbar zu machen, immer wieder seine dünne und schrille Stimme vernehmen lässt und seinen Mund nur dann hält, wenn er Haare ausrupft und einen anderen für sich schreien lässt.« Und erst die Kuchenbäcker, Wursthändler, Süßigkeitenkrämer, »die ihre Ware, ein jeder in seiner besonderen Tonart, feilbieten«. Des Lärmens ist kein Ende, doch Seneca ist entschlossen, sich nicht vom Denken abhalten zu lassen. Sein Gegengift ist die Analyse. Er fragt sich, welche Geräusche ihn am meisten stören. »Was Ablenkung anlangt, so scheint mir die Stimme gefährlicher zu sein als bloßes Geräusch. Denn die Stimme wirkt immer auf die Seele, während ein Geräusch nur an unser Ohr schlägt und es füllt.«

Ein vorüberfahrender Wagen, ein arbeitender Handwerker, auch das Kreischen der Säge, das Cicero so schrecklich fand – das alles rechnet Seneca zum bloßen Geräusch. Nicht einmal die Trompeten und Flöten, die der Mann an der Brunnensäule spielt, machen ihm etwas aus, zumindest solange der Musikant »es nicht auf Musik, sondern nur auf Reklame abgesehen hat«. Die bloßen Geräusche sind für Seneca harmlos, weil hinter ihnen keine Absicht steckt, die in die Seele dringen könnte. Die Geräusche, die bei der Arbeit und im Verkehr entstehen, sind das Nebenprodukt einer bestimmten Tätigkeit und daher unvermeidlich, und gerade deshalb können wir sie akzeptieren. Die menschliche Stimme dagegen stört Seneca aus zwei Gründen: Erstens teilt sie etwas mit, und zweitens sind ihre Äußerungen alles andere als unvermeidlich. Darin unterscheidet sich die Musik auch von der Reklame: Wenn es der Reklame dient, ist das Flötenspiel des Manns am Brunnen nur ein Mittel zum Zweck und damit ein Nebenprodukt, doch als Musik ist es ein Selbstzweck und verlangt Aufmerksamkeit. Indem die Musik etwas ausdrückt, verschafft sie sich Zugang zum Bewusstsein. Doch nicht nur die Ursache entscheidet über die Lärmhaftigkeit eines Geräuschs, sondern auch seine Klanggestalt. Ein unterbrochener Schall, so Seneca, stört mehr als ein anhaltendes, gleichmäßiges Geräusch – ein Befund übrigens, der von der neueren Lärmforschung bestätigt wird.

Ob ein Geräusch zum Lärm wird, hängt nicht nur vom Geräusch ab. Es entscheidet sich auch daran, was im Bewusstsein des Empfängers geschieht. Seneca empfiehlt Konzentration als Mittel gegen den Lärm: »Ich zwinge meinen Geist, nur auf sich gerichtet zu sein und sich nicht nach außen hin ablenken zu lassen.« Das eigentliche Problem beim Lärm sei nicht das Geräusch, sondern die Unruhe der Seele. Seneca hält nichts von Lärmempfindlichkeit, im Gegenteil. Erhabenheit über den Lärm ist für ihn ein Zeichen von Größe. »Erst dann bist du ein Mensch, wie er sein soll, wenn du gleichgültig bist gegen jeden Lärm, wenn keine Stimme dich aus der gewohnten Fassung bringt, gleichviel, ob sie schmeichelt, ob sie droht oder mit leerem Schall dich umtönt.« Dies würde heißen, dass der Mensch stärker ist als der Lärm. An diese stoische Utopie mag nun auch Seneca nicht recht glauben. Am Ende seiner Ausführungen fragt er sich mit leiser Ironie, ob es nicht doch besser sei, dem Lärm einfach aus dem Weg zu gehen. »Allerdings. Eben deshalb werde ich diesen Ort verlassen.«

Zu allen Zeiten hat der Lärm die Gemüter erregt – doch dem bewussten Nachdenken scheint sich das Phänomen Lärm zu entziehen. Fast zwei Jahrtausende dauerte es, bis sich mit Arthur Schopenhauer wieder ein Philosoph dem Lärm zuwendete. Anders als Seneca richtet er seine Aufmerksamkeit jedoch nicht auf die Geräusche, die zu Lärm werden, sondern auf das Bewusstsein, genauer das Gehirn, in dem das Drama des Lärms sich abspielt. In *Die Welt als Wille und Vorstellung* vergleicht Schopenhauer den Gesichtssinn mit dem Gehörsinn. Mit dem Auge lebe der Geist im ewigen Frieden, denn was sich vor unseren Augen abspiele, lenke uns kaum je vom Denken ab. Doch mit dem Ohr lebe der Geist im ewigen Krieg. Die Töne »zerreißen alle Gedanken, zerrütten momentan die Denkkraft« – die Wahl der Worte zeigt, welche Gewalttätigkeit hier am Werk ist. Für Schopenhauer ist Lärm keine philosophische Frage, sondern eine physiologische Tatsache. Er argumentiert mit einer aus heutiger Sicht abenteuerlichen Anatomie des Hörens. So träfen die Gehörnerven im Gehirn an der »absolut letalen Stelle« zusammen, »durch deren Verletzung jedes Thier augenblicklich getödtet wird«. Der Umstand, dass von »jener gefährlichen Stelle« auch alle Gliederbewegungen ausgingen, sei der Grund dafür, dass man bei einem plötzlichen Knall zusammenfahre, ein Erschrecken, »welches bei einer plötzlichen Erleuchtung, z.B. einem Blitz, keineswegs Statt findet«. Durch das stets offene Ohr gelangten die Geräusche an die verletzlichste Stelle in unserem Gehirn, daher ist Lärm für Schopenhauer nichts Geringeres als versuchter Mord. »Aus jenem Ursprung des Gehörnervens erklärt sich denn auch die große Störung, welche die Denkkraft durch Töne erleidet, wegen welcher denkende Köpfe und überhaupt Leute von vielem Geist, ohne Ausnahme, durchaus kein Geräusch vertragen können. Denn es stört den beständigen Strom ihrer Gedanken, unterbricht und lähmt ihr Denken, eben weil die Erschütterung des Gehörnervens sich so tief ins Gehirn fortpflanzt, dessen ganze Masse daher die durch den Gehörnerven erregten Schwingungen dröhnend mit empfindet, und weil das Gehirn solcher Leute viel leichter beweglich ist, als das der gewöhnlichen Köpfe.«

Menschen mit gewöhnlichen Köpfen haben, Schopenhauer zufolge, weniger unter dem Lärm zu leiden – dies hänge mit der »zähen Beschaffenheit und handfesten Textur ihrer Gehirnmasse« zusammen. »Ich hege wirklich längst die Meinung, dass die Quantität Lerm, die Jeder unbeschwert vertragen kann, in umgekehrtem Verhältniß zu seinen Geisteskräften steht, und daher als das ungefähre Maaß derselben betrachtet werden kann.« Die Lärmunempfindlichen seien nicht nur taub für den Lärm, sondern auch für jede Form von Kultur, denn »eben Das, was sie so unempfindlich macht gegen Lerm jeder Art, macht sie auch unempfindlich gegen das Schöne in den bildenden, und das tief Gedachte oder fein Ausgedrückte in den redenden Künsten, kurz, gegen Alles, was nicht ihr persönliches Interesse angeht.« Schopenhauers Theorie des Lärms ist in Wahrheit eine Theorie der Lärmempfindlichkeit, die er, im Gegensatz zu Seneca, als intellektuelle und moralische Auszeichnung sieht: Der lärmempfindliche Mensch ist der bessere Mensch.

In *Über Lerm und Geräusch*, dem vielzitierten 30. Kapitel der *Parerga*, spricht Schopenhauer doch einmal über ein konkretes Geräusch, nämlich über den »unverantwortlichsten und schändlichsten Lerm«, als den er »das wahrhaft infernalische Peitschenklatschen, in den hallenden Straßen der Stadt« ansieht. Wieder geht es um Leben und Tod. Der »plötzliche, scharfe, hirnzerschneidende und gedankenmörderische Knall« fahre dem Denker

»durch seine Meditationen so schmerzlich und verderblich, wie das Richtschwerdt zwischen Kopf und Rumpf«. Was das Geräusch des Peitschenknallens zum schlimmsten Lärm macht, ist nicht nur seine Plötzlichkeit, sondern seine Nutzlosigkeit: Die Pferde nämlich seien gegen seinen Klang längst abgestumpft. Daher ist das Peitschenknallen – im Gegensatz zum Rollen der Räder und dem warnenden Läuten der Straßenbahnklingel – kein unvermeidliches Nebenprodukt des Verkehrs, sondern ein beabsichtigter Lärm. Eine Unverschämtheit, wie Schopenhauer findet: »Die Sache stellt demnach sich eben dar als ein frecher Hohn des mit den Armen arbeitenden Theiles der Gesellschaft gegen den mit dem Kopfe arbeitenden.«

Alles dreht sich um die Frage »Wer stört wen?«, denn Schopenhauer deutet den Lärm als sozialen Skandal. Der Lärm kommt von dem »mit den Armen arbeitenden Theil der Gesellschaft«, und mit ihrem willkürlichen Lärm behindert die Unterschicht die Menschen »von vielem Geist« nicht nur bei ihrem höheren Tun, sondern dies geschieht offenbar auch noch mit Genugtuung. Diese Interpretation verrät, dass es längst nicht mehr nur um Lärm geht. Der Lärmkonflikt maskiert einen Klassenkonflikt, der sich in den Großstädten zuspitzt. In der neuen Elite des urbanen Bürgertums wächst das Bedürfnis nach Abgrenzung vom einfachen Volk, und Schopenhauer liefert dazu eine bequeme

Argumentation. Dem aufstrebenden Bürgertum dient der Lärm dazu, den Abstand zu anderen Gesellschaftsschichten zu vergrößern. Einerseits rümpft man die Nase über den Lärm der anderen, andererseits kultiviert man die eigene Lärmempfindlichkeit als Statussymbol.

Der schlimmste Lärm

»Musik! Musik! Musik!«

»Das impertinente, penetrante, hysterische Gekläff des Hundes meiner früheren Frau.«

»Wenn ich nach der Orchesterprobe noch ein wenig frische Luft schnappen will und durch den Park gehe, dann treffe ich im Herbst manchmal auf diese Laubpuster. Zu fünft ziehen sie mit ihren Maschinen los, Benzinmotoren – unheimlich laut. Die Gärtner tragen Gehörschutz, aber wir nicht.«

»Mich stört nur der Lärm der Menschen: überlaut eingestellte Fernseher oder Unterhaltungen, die ich nicht hören will. Gegenüber meiner Wohnung ist ein türkischer Kulturverein, und jeden Abend um sechs geht dort der Fernseher an, und ich muss mir türkische Nachrichten anhören. Ich verstehe kein Wort, aber ich höre das aufgeregte Auf und Ab der Stimme. Da werde ich zum Tier.«

Die Entdeckung des Lärms

DAS LEIDEN AM LÄRM ist so alt wie die Menschheit, doch bis der Lärm mit der Industrialisierung ins Bewusstsein der Öffentlichkeit drang, galten Klagen über den Lärm als Privatangelegenheit. Schopenhauer war der einzige Schriftsteller, der seine Wut über den Lärm öffentlich machte. Ansonsten stößt man nur in Tagebüchern und Briefen auf Lärmklagen. Franz Kafka notierte am 5. November 1911 in sein Tagebuch: »Ich will schreiben, mit einem ständigen Zittern auf der Stirn. Ich sitze in meinem Zimmer im Hauptquartier des Lärms der ganzen Wohnung. Alle Türen höre ich schlagen, durch ihren Lärm bleiben mir nur die Schritte der zwischen ihnen Laufenden erspart, noch das Zuklappen der Herdtüre in der Küche höre ich. (...) Die Wohnungstür wird aufgeklinkt und lärmt wie aus katarrhalischem Hals, öffnet sich dann weiterhin mit dem kurzen Singen einer Frauenstimme und schließt sich mit einem dumpfen männlichen Ruck, der sich am rücksichtslosesten anhört. Der Vater ist weg, jetzt beginnt der zartere, zerstreutere, hoffnungslosere Lärm, von den Stimmen der zwei Kanarienvögel angeführt. Schon früher dachte ich daran, bei den Kanarienvögeln fällt es mir aber von neuem ein, ob ich nicht die Türe bis zu einer kleinen Spalte öffnen, schlangengleich ins Nebenzimmer kriechen und so auf dem Boden meine Schwestern und ihr Fräulein um Ruhe bitten sollte.« Nichts dringt nach außen von diesem Lärmdrama, das Kafka mit bohrender Eindringlichkeit beschwört. Die Geräusche, die seine Stirn zum Zittern bringen, bleiben ebenso hinter den Wänden der Wohnung wie seine Klage darüber.

Es gibt kaum einen Schriftsteller, von dem keine Lärmklagen überliefert wären – doch diese wurden nicht ernst genommen, sondern als Kuriositäten gehandelt. Man erzählte sich Anekdoten über das schallisolierte Studierzimmer, das der Historiker Thomas Carlyle sich oben auf sein Haus hatte bauen lassen, oder über die mit Kork verkleideten Wände von Marcel Prousts Arbeitszimmer. Immanuel Kant kaufte einem Nachbarn den Hahn ab, dessen Krähen ihn beim Denken störte und sorgte dafür, dass dieser in seinem Suppentopf landete. Goethe schließlich lieferte den Beweis dafür, dass man sich an Lärm nicht gewöhnen kann. In jungen Jahren versuchte er, sich gegen Lärm abzuhärten, indem er den Soldatentrommeln hinterherlief, doch im Alter kaufte er das marode Nachbarhaus, um allfälligen Bauarbeiten und deren Lärm zuvorzukommen – er ließ es verfallen.

Mit der Industrialisierung verändert sich die Wahrnehmung des Lärms grundlegend. Aus der Privatsache wird ein öffentliches Ärgernis, und da man ein solches an eine möglichst große Glocke hängen will, ersetzt die Zeitung nun das Tagebuch. Die Klagen über den Lärm lassen ein neues Genre von erregten, fiebernden, ohnmächtigen Texten entstehen. »Es ist kein Schall mehr, es ist eine schauerliche Schallsinfonie von grauenvollem Missklang, ein Charivari und Tohuwabohu von Hämmern, Läuten, Rasseln, Stampfen, Krachen, Rollen, Pfeifen, Klirren, Klappern, Ächzen und Kreischen, ein unermesslicher, wirrer Lärmsalat«, heißt es in der *Kleinen Presse Frankfurt* vom 6. April 1910. Die neue Erfahrung des Lärms verlangt nach einer neuen Sprache – oft spürt man die Sprachnot beim Versuch, den Lärm in Worte zu übersetzen. Mit dem Begriff »Häusermeer« hatte Adalbert Stifter 1888 in einem Essay über Wien eine Metapher gefunden, die dankbar aufgegriffen wurde. Denn nur das Meer erzeugt ein Geräusch, das dem unaufhörlichen Rauschen und Brummen in den Straßen vergleichbar ist: Manche sprechen nun von der »Brandung« der Großstadt, andere fühlen sich von der Flut der Geräusche »überschwemmt«. Die Schriftstellerin Emmy von Dincklage schreibt: »Die wild erregten Luftwellen toben und branden gegen die Hausmauern, jagen vor- und rückwärts, einen Ausweg suchend, wie die Gewässer in einem Canal, und erlauben niemandem, ihnen zu entgehen, der nicht etwa in einem Luftballon in stillere Regionen aufsteigt.«

Die Industrialisierung ließ die Großstädte wachsen wie nie zuvor. Die Einwohnerzahl von Berlin und Frankfurt verdreifachte sich innerhalb von wenigen Jahrzehnten; im Jahr 1871 lebte nicht einmal jeder zwanzigste Bewohner des neu gegründeten Deutschen Reichs in einer Großstadt, doch im Jahr 1910 war es bereits jeder fünfte. Wie überwältigend die neuen Sinnesreize für die Menschen waren, zeigt der Bericht des Handwerksgesellen Ferdinand Hanusch. Er kam 1880 nach Wien und fühlte sich vom Gewimmel und Getöse der Großstadt erschlagen: »Nun war ich in diesem großen Ameisenhaufen selbst eine Ameise. (…) Die großen Häuser, die großen Auslagen, die vielen Menschen, die an mir vorübereilten, ohne sich um mich zu kümmern, die dahinrasenden Fiaker und die auf dem Pflaster polternden Omnibusse, die Pferdetramway mit ihrem Geklingel und die schimpfenden Fuhrwerkleute, alles erzeugt einen solchen Lärm, den der Großstädter wohl gewöhnt, der aber auf den zum erstenmale in eine Großstadt Kommenden so niederdrückend wirkt, dass er den letzten Rest von Muth verliert, weil es ihm unmöglich scheint, sich in diesem Leben und Treiben zurechtzufinden.«

Die Großstadt war nicht nur laut. In den Menschenmassen, die in den Straßen aneinander vorbeeilten, drohte der Einzelne unterzugehen. Unter diesem Druck stieg das Bedürfnis, zu einer Gruppe zu gehören und sich von den anderen abzugrenzen. Das Bildungsbürgertum hatte den Adel als kulturelle Elite ersetzt, doch für eine Identität mussten verbindende Eigenschaften erst noch gefunden werden. Hier leistete der Lärm hervorragende Dienste. Man hielt sich etwa die anderen Schichten vom Leib, indem man sich mit Vorliebe an lärmfreien Orten traf. In der Bibliothek widmete man sich dem Lesen, in den Salons pflegte man das Gespräch, und man ging ins Konzert. An dieser (vergleichsweise neuen) Einrichtung des bürgerlichen Musiklebens lässt sich übrigens die Entstehung von Hörgewohnheiten und Verhaltensnormen ablesen. Wie man den ständigen Klagen von Kritikern und Musikern entnehmen kann, ist das konzentrierte, nach innen gerichtete Zuhören keine Selbstverständlichkeit, sondern eine Kulturtechnik, die das Publikum erst noch lernen musste.

In diesem Umfeld gedieh der übersensible, nervöse, gehetzte Stadtbewohner, ein neuer Typus, der auch nachts nicht mehr zur Ruhe kommt. Der Großstädter erlebe »eine Steigerung des Nervenlebens, die aus dem raschen und ununterbrochenen Wechsel äußerer und innerer Eindrücke hervorgeht«, stellt der Philosoph Georg Simmel in seinem Essay *Die Großstädte und das Geistesleben* fest. Überfordert vom beschleunigten Alltag, ist der

Großstädter reizbar und unstet. Ohne wirklich benennen zu können, was ihm fehlt, fühlt er sich nicht mehr wohl in seiner Haut. Mit dem Begriff ›Neurasthenie‹ gab der New Yorker Nervenarzt George M. Beard den diffusen psychosomatischen Symptomen im Jahr 1880 einen Namen.

Beard hatte einen Nerv getroffen: Beidseits des Atlantiks war sein Buch *Neurasthenie* ein Bestseller. Man übte sich in einem neuen Diskurs der Empfindlichkeiten laut dem *Brockhaus* von 1894 ist der Neurastheniker ein »leicht ermüdbares, ständig reiz- und erregbares, chronisch überanstrengtes Wesen«. Zu den Symptomen der überreizten Nerven gehörte – neben Verdauungsstörungen, Impotenz und Ohnmachtsanfällen – eine krankhafte Empfindlichkeit gegenüber Lärm. »Vielen Neurasthenikern scheinen schon leise Geräusche oder Töne laut und verknüpfen sich mit negativen Gefühlstönen. (...) Solchen Kranken wird zuweilen jede Unterhaltung zur Pein, weil jedes Wort, das zu ihnen gesprochen wird, in der ganzen Kopfhälfte nachdröhnt«, heißt es in der *Real-Encyclopädie der gesammten Heilkunde* von 1898. Durch die medizinische Beschreibung wurde die Lärmempfindlichkeit als Krankheit anerkannt – sie galt nicht länger als eingebildetes Leiden.

In der öffentlichen Debatte wurde der Lärm zum Politikum, und so entstand die erste deutsche Anti-Lärm-Bewegung, gegründet vom Schriftsteller und

Philosophen Theodor Lessing. Seiner Schrift *Der Lärm* (1908) stellte Lessing als Motto jene Passage von Schopenhauer voran, in der von der »zähen Beschaffenheit und handfesten Textur« der Gehirnmasse der Lärmunempfindlichen die Rede ist. Auch sonst macht Lessing sich Schopenhauers Argumentation zu eigen: »Der wohlerzogene kultivierte Mensch wird sich (...) immer und überall durch Schweigen und durch Feindschaft gegen undisziplinierte, laute Lebenshaltung auszeichnen.« Damit erklärt Lessing den Abscheu vor dem Lärm ausdrücklich zu einem Charaktermerkmal des »kultivierten Menschen«, sprich des Bildungsbürgertums. »Kultur ist Entwicklung zum Schweigen!«

Theodor Lessing zieht in seiner *Kampfschrift gegen die Geräusche unseres Lebens* (so der Untertitel) alle rhetorischen Register, um seine Klientel zu einem Feldzug gegen den Lärm aufzustacheln. Er entfesselt im Kopf des Lesers den Lärm, gegen den er anschreibt. »Die Hämmer dröhnen, die Maschinen rasseln. Fleischerwägen und Bäckerkarren rollen früh vor Tag am Hause vorüber. Unaufhörlich läuten zahllose Glocken. Tausend Türen schlagen auf und zu. Tausend hungrige Menschen, rücksichtslos gierig nach Macht, Erfolg, Befriedigung ihrer Eitelkeit oder roher Instinkte, feilschen und schreien, schreien und streiten vor unsern Ohren und erfüllen alle Gassen der Städte mit dem Interesse ihrer Händel und ihres Erwerbs. Nun läutet das Telefon. Nun kündet die Hupe ein Automobil. Nun rasselt ein elektrischer Wagen vorüber. Ein Bahnzug fährt über die eiserne Brücke. Quer über unser schmerzendes Haupt, quer durch unsere besten Gedanken. Das Heraufholen und Verfolgen objektiver Werte wird zur Tortur. (...) Alle Augenblicke ein neues unangenehmes Geräusch! Auf dem Balkon des Hinterhauses werden Teppiche und Betten geklopft. Ein Stockwerk höher rammeln Handwerker. Im Treppenflure schlägt irgend jemand Nägel in eine offenbar mit Eisen beschlagene Kiste. Im Nebenhause prügeln sich Kinder. Sie heulen wie Indianer, sie trommeln an den Türen.«

Die Sätze gehen wie Hammerschläge nieder. In dem Getöse aus Wörtern gibt es keine Pause, sondern alles versinkt in einer einzigen, ewigen Brandung des Lärms. Man möchte nur noch raus aus diesem Text – ganz wie sein Autor, der die Stadt verlässt und in ein Dorf aufs Land flieht. Doch, wir ahnen es bereits: »Dort ist gerade Schützenfest. Ein Karussell wird just vor meinem Fenster aufgebaut« – und dieses Karussell dreht sich acht Tage lang, und zwar jeden Tag acht Stunden zum selben Lied. Im nächsten Dorf wird der Lärmflüchtling morgens um fünf vom Schornsteinfeger geweckt, und damit nicht genug: »Es verfolgt mich ein Dampfpflug, das Geräusch der Tenne, das Gehämmer des Kesselschmieds, die beständige Klage des Kettenhunds, das Liebesleben aller möglichen Geschöpfe, der

Katzen, der Hühner, der Frösche. Dazu klappernde Fensterläden, im Winde scheppernde, lockere Dachziegel, Wetterfahnen, Windharfen.«

Das Gefühl, vom Lärm verfolgt zu sein, raubt dem Schreiber nicht nur die Ruhe. Er verliert jeden Glauben daran, dass es auf der Welt überhaupt noch Stille geben könnte. »Lieber Leser! Begib dich in das tiefste, weltfernste Alpental, du wirst mit Sicherheit einem Grammophon begegnen!« Der Lärm wird zur Prophezeiung, die durchs bloße Aussprechen in Erfüllung geht. Der Autor will mit seiner Lärmsuada Recht behalten, und so spürt man in seinen gepeinigten Zeilen auch eine leise Befriedigung über das Eintreffen der Befürchtungen. Der Lärmneurotiker leidet nicht nur passiv unter dem Lärm. Er greift auch nach jedem Fitzelchen Lärm, das ihm sein Leiden bestätigt.

Es gibt kein Geräusch, das sich im Kopf des Lärmempfindlichen nicht in Lärm verwandeln würde, und deshalb gibt es auch kein Geräusch, das er nicht verbieten möchte. Entsprechend lang ist die Aufzählung der Ziele, die Theodor Lessing mit seinem Antilärm-Verein verfolgt. »Unterdrückung und Beseitigung jedes unnötigen Lärmes durch Automobile und Straßenbahn, Kehricht- und Abfuhrwagen, Hundegebell, Teppichklopfen usw., Unterdrückung jedes unnötigen, vermeidbaren Straßenlärmes, Einführung des Verbots, bei offenem Fenster zu musizieren oder Grammophone in Betrieb zu setzen,

Vorgehen gegen Anlagen von ruhe- oder gesundheitsstörenden Betrieben in Wohnungszentren, Unterstützung von berechtigten Klagen über die vorgenannten Übelstände, eventuell gerichtliches Vorgehen gegen nächtliches Singen, Johlen usw., Unterstützung technischer Bestrebungen oder Vorrichtungen gegen Lärm, Zusammenarbeiten mit sozial-pädagogischen und hygienischen Vereinen.« So groß das Vorhaben, so bescheiden waren allerdings die Mittel, die dem Antilärm-Verein zur Verfügung standen. Man verteilte etwa Anstecker mit der Aufschrift »Ruhe ist vornehm«. In der Vereinszeitschrift *Der Anti-Rüpel* wurden blaue und schwarze Listen veröffentlicht, in denen ruhige bzw. lärmige Hotels und Wohngegenden verzeichnet waren. Im Übrigen blieb es beim Lobbying und flammenden Zeitungsartikeln, mit denen die öffentliche Meinung aufgerüttelt werden sollte.

Von der breiten sozialen Bewegung gegen den Lärm, auf die Lessing gehofft hatte, konnte jedenfalls keine Rede sein. Trotz der Versendung von 20 000 Beitrittsformularen hatte der Antilärm-Verein zu seinen besten Zeiten nicht mehr als 1085 zahlende Mitglieder. In der Vereinszeitschrift ging es nur um jenen Lärm, der die Professoren in ihren Stadtwohnungen störte, vom »Teppichklopfen« bis zur »Klavierpest«. Was jedoch nirgends zur Sprache kam, waren die Lärm-Notstände der Arbeiter: der Maschinenlärm in den Fabriken und die Lärmhöllen der überbelegten Mietskasernen. Die soziale Blindheit der bildungsbürgerlichen ›Antilärmiten‹ rächte sich. Ausgerechnet in den Industriezentren des Ruhrgebiets hatte der Antilärm-Verein praktisch keine Mitglieder.

Dass auch ungebildete Arbeiter und Bergleute unter Lärm leiden könnten, wäre Lessing gar nicht in den Sinn gekommen, denn für ihn spielte die ganze Masse an Lärm, die als Nebenprodukt von Arbeit entsteht, keine Rolle. Gegen den unvermeidlichen Arbeitslärm lässt sich, mangels eines Gegners, schwer polemisieren. Lessing jedoch suchte Schuldige, gegen die er sein Schopenhauer'sches Ressentiment richten konnte. Er fand sie, paradoxerweise, in den Arbeitern, in denen er keine Opfer, sondern Verursacher von Lärm sah. »Fuhrknechte, Sackträger, Eckensteher u. dergl. sind Lasttiere der menschlichen Gesellschaft, sie sollen durchaus human, mit Gerechtigkeit, Billigkeit, Nachsicht und Vorsorge behandelt werden; aber ihnen darf nicht gestattet sein, durch mutwilligen Lärm den höheren Bestrebungen des Menschengeschlechtes hinderlich zu werden.« Der Lärm wird im Grund erst dadurch zu Lärm, dass er von den »Lasttieren der menschlichen Gesellschaft« ausgeht, denen Lessing kaum die elementarste Menschenwürde zugesteht. Nur der Mächtige darf die anderen mit seinem Schall behelligen – diese soziale Lärmregel wird von den Fuhrknechten und Sackträgern verletzt, denn ihre gesellschaftliche Stellung verschafft ihnen keine Lärmlizenz. Und deshalb fühlt sich Lessing mit seiner Lärmklage auch nicht im mindesten im Unrecht.

In Lessings Empörung über den »mutwilligen Lärm« des einfachen Volks spiegelt sich nicht nur der soziale Skandal des Lärms, sondern auch eine psychologische Frustration. Der Kultivierte muss ununterbrochen Selbstkontrolle leisten: Er darf sich keinen Lärm erlauben, sonst ist es um seine Kultiviertheit geschehen. Der Lärm sei ein »Urtrieb« des Menschen, schreibt Lessing schaudernd, und nicht ohne Rassismus empört er sich über den »Jugendlärm von Kindern und Völkern«, der seinen Zweck »ausschließlich in der triebhaften Freude (trägt), mit der alle die lärmenden Existenzen, diese Fruchthändler, Hausierer, Limonadenverkäufer, Bettler, Lazzaroni, Taugenichtse, Hochstapler und naiven Gauner, ihr Vergnügen an der Sonne in die blauen Lüfte hinausschreien«. Je mehr jemand seine eigene Lust am Lärmen unterdrückt, desto aggressiver reagiert er, wenn andere diese Lust ausleben. Man spürt den Triebneid des Bildungsbürgers, der niemandem sein Vergnügen an der Sonne gönnt – und man denkt sogleich an Morose in Ben Jonsons Komödie.

Tatsächlich erging es Lessing nicht viel besser als Morose. »Ihren Feldzug halte ich für notwendig und nützlich im höchsten Grade. Ich leide aufs

Peinlichste unter Geräuschen und in einer Weise, die meine Arbeit oft gefährdet, obwohl ich auf dem Lande lebe, um Ruhe zu finden«, schreibt ihm zwar kein Geringerer als Hugo von Hofmannsthal. Doch in der Öffentlichkeit wurde Lessing oft als ›Lärmprofessor‹ belächelt, und auch vor moralischer Diskreditierung schreckten seine Widersacher nicht zurück, was ihm besonders zusetzte. Ein Leserbriefschreiber nimmt Lessings Lärmempfindlichkeit gar zum Anlass für eine ungebetene psychiatrische Diagnose: »Zugrunde liegt in erster Linie Hysterie, in zweiter Diabetes, oft ganz geringen Grades. Dann kommen allerdings andere Zustände in Betracht: Salizylvergiftung, Blasenleiden, alter Tripper, Alkoholabstinenz bei Alkoholisten, ebenso Abstinenz der Morphinisten, Abstinenz des Rauchens, Klimax, Arteriosklerose, auch Lues.«

Es war nicht nur der elitäre Dünkel, der Lessing von vielen Zeitgenossen übel genommen wurde. Hinter den Anfeindungen steht ein tieferes Unbehagen: Als Lärmbekämpfer macht man sich nicht beliebt, das Anliegen mag noch so berechtigt sein. Wer vom Lärm genervt ist, nervt ebenfalls, darin besteht die Crux aller Lärmbekämpfung. Die Empfindlichkeiten des Lärmbekämpfers wirken kleinlich, seine Rhetorik ist aufdringlich, und mit seinem Vorbehalt gegenüber jeder Ausgelassenheit wird er rasch zum Spielverderber. Nach zwei anstrengenden und frustrierenden Jahren des Kampfs gegen den Lärm legte Lessing die Vereinsarbeit nieder, um sich wieder der Philosophie zu widmen. Mit dem Ausbruch des Ersten Weltkriegs versandete die deutsche Anti-Lärm-Bewegung dann vollends. Lessing starb am 31. August 1933 in Marienbad als Opfer nationalsozialistischer Attentäter.

Nicht nur in Deutschland gab es öffentlichen Widerstand gegen den Lärm. Auch in den amerikanischen Großstädten entstanden zu Anfang des 20. Jahrhunderts Antilärm-Vereine, allerdings unter anderen Vorzeichen, denn hier hatte niemand Schopenhauer gelesen. Obwohl auch in Amerika die Anti-Lärm-Aktivisten der Oberschicht angehörten, wurde der Kampf gegen den Lärm nicht als verkappter Kampf gegen die soziale Unterschicht geführt. Man war sich darin einig, dass Lärm eine Plage sei, die alle betrifft, und so formierte sich in der amerikanischen Anti-Lärm-Bewegung zum ersten Mal das, was man später ›consumer activism‹ nannte.

Die Arztgattin Julia Barnett Rice gründete 1906 in New York die *Society for the Supression of Unnecessary Noise*, die sich Theodor Lessing übrigens zum Vorbild für seinen Antilärm-Verein genommen hatte. Das Wort ›unnecessary‹ war entscheidend, denn Julia Barnett Rice wollte sich auf keinen Fall dem wirtschaftlichen und technischen Fortschritt in den Weg stellen. Ihre Ziele waren überschaubar und pragmatisch. Als Erstes setzte sie eine Regulierung des exzessiven Gebrauchs der Schiffshupen durch, die ihr in ihrer Villa am Hudson River auch persönlich den Schlaf raubten. Dass es sich dabei um unnötigen Lärm handelte, hatte Rice recherchiert. Die Hupsignale dienten kaum je zur Verständigung zwischen den Schiffen, sondern fast ausschließlich zur Begrüßung von Kollegen. Als Nächstes kämpfte Rice für Ruhezonen um Spitäler und Schulen, dann nahm sie sich des Schepperns der Milchwagen an: Gummibereifte Räder und Gummiüberzüge für die Hufe der Pferde sorgten für ›noiseless milk‹. New York war die erste Stadt mit einem ›Noise Commissioner‹, der über die Einhaltung der Lärmvorschriften in Ruhezonen wachte. Eisenstangen durften nur noch umwickelt mit Dämmmaterial transportiert werden; in der Subway wurden leisere Drehkreuze eingebaut, und Lichtsignale ersetzten die Verkehrspolizisten mit ihren durchdringenden Trillerpfeifen. Als es in den 1920er-Jahren physikalisch möglich wurde, den Lärm zu messen, schickte die Stadtverwaltung unverzüglich einen Messwagen kreuz und quer durch New York, um an allen neuralgischen Punkten den Lärmpegel festzustellen. Doch auch in Amerika blieb der Kampf gegen den Lärm ein Kampf gegen Windmühlen. »Die Lärmbekämpfer haben alle Ziele erreicht, außer einem: Der Lärm ist nicht weniger geworden«, heißt es in einem Zeitungskommentar sarkastisch.

In Amerika war die Anti-Lärm-Bewegung zwei

Jahrzehnte länger aktiv als in Deutschland, wo der Krieg alle gesellschaftlichen Bewegungen hinweggefegt hatte. Mit der Depression kamen jedoch auch in den USA die Aktivitäten zum Erliegen, denn nun hatte man andere Sorgen. Angesichts der wirtschaftlichen Not erschien der Lärm als ein Luxusproblem, und zumindest der unvermeidliche Lärm, der als Nebenprodukt von Arbeit entsteht, hatte nun sogar eine Berechtigung. In einer Zeit, wo die Firmen ums Überleben kämpften, schienen kostensteigernde Auflagen zur Lärmdämmung nicht angemessen.

Die Begeisterung für den Lärm

NICHT NUR DIE LÄRMBEKÄMPFER entdeckten zu Beginn des 20. Jahrhunderts den Lärm, sondern auch die Lärmenthusiasten. »Die Vergangenheit war eine einzige Stille. Im 19. Jahrhundert entstand mit der Erfindung der Maschinen das Geräusch. Heutzutage herrscht das Geräusch unumschränkt über die menschliche Empfindung«, schreibt der italienische Futurist Luigi Russolo 1913 in seinem Manifest *Die Kunst der Geräusche*. Die plakativen Behauptungen sind bezeichnend für das allgemeine Gefühl des Aufbruchs, das kurz vor dem Ersten Weltkrieg in Europa herrschte.

Die Futuristen feierten den Lärm als Signal für das Neue und Aufregende, und so überrascht es nicht, dass Russolo den Großstadtlärm mit einer völlig anderen Sprache beschreibt als die Lärmbekämpfer. Der Rhythmus seiner Worte ist weich, der Ton poetisch, die Stimmung schwärmerisch: »Wenn wir eine moderne Großstadt mit aufmerksameren Ohren als Augen durchqueren, dann werden wir das Glück haben, den Sog des Wassers, der Luft oder des Gases in den Metallröhren, das Brummen der Motoren, die zweifellos wie Tiere atmen und beben, das Klopfen der Ventile, das Auf und Ab der Kolben, das Kreischen der Sägewerke, die Sprünge der Straßenbahn auf den Schienen, das Knallen der Peitschen und das Rauschen von Vorhängen und Fahnen zu unterscheiden. Wir haben Spaß daran, den Krach der Jalousien der Geschäfte, der zugeworfenen Türen, den Lärm und das Scharren der Menge, die verschiedenen Geräusche der Bahnhöfe, der Spinnereien, der Druckereien, der Elektrizitätswerke und der Untergrundbahnen im Geiste zu orchestrieren.« Der Leser soll sich nicht die Ohren zuhalten, im Gegenteil, Russolo will sie ihm öffnen – »dich möchte ich dazu bewegen, die Geräusche zu verstehen und zu bewundern, so wie sie uns von der Natur und vom Leben gegeben sind«.

Lärm ist eine Frage des Standpunkts. Theodor Lessing sah im Lärm etwas Zerstörerisches, etwas, das »so viele reine Erhebungen, so viele unwiederbringliche Stunden des Menschengeschlechts rücksichtslos mordet«. Für die Futuristen dagegen bedeutete der Lärm Macht, Kraft, Männlichkeit. Das Rattern und Brummen der Maschinen wirkte auf sie beflügelnd, und statt ihre Stunden zu vernichten, verlieh er ihnen Energie. In dem auditiven Erweckungserlebnis, das dem Schriftsteller Filippo Tommaso Marinetti nach einer mit Freunden durchwachten Nacht zuteilwurde, bricht sich die befreiende Macht des Lärms Bahn: »Wir zuckten auf einmal zusammen, als wir das dröhnende Geräusch der großen zweistöckigen Straßenbahnen hörten, die rüttelnd vorüberfahren, von bunten Lichtern erleuchtet (...). Danach wurde es ganz still. Aber während wir dem kraftlosen Murmeln von Gebeten des alten Kanals und dem Knacken der Knochen der sterbenden Paläste in ihren Bärten feuchten Grüns lauschten, hörten wir auf einmal unter den Fenstern das Aufbrüllen hungriger Autos. – Los, sagte ich, los, Freunde! Gehen wir! Endlich ist die Mythologie, ist das mystische Ideal überwunden. Wir werden der Geburt des Kentauren beiwohnen, und bald werden wir die ersten Engel fliegen sehen!«

Marinettis viriles Pathos ist ein Gegenpol zur filigranen ›Reizsamkeit‹ (so der Kulturhistoriker Karl Lamprecht) des Bürgertums. Die Futuristen dürsteten nach der Hingabe an die Maschine, daher konnten sie das Schneller- und Lauterwerden des Alltags gar nicht als Zumutung empfinden. Sie wollten eins werden mit der geborgten Kraft der Maschinen, die Grenzen der Natur sprengen und sich, in einem prometheischen Akt, Mächte aneignen, die ihnen von der Natur versagt geblieben waren. Lärm als Macht und Lärm als Droge – diese beiden Lärm-Eigenschaften verschmelzen in der Ekstase. Die spätere Nähe des Futurismus zum Faschismus folgt einer inneren Logik, und doch wird man den Futuristen nicht gerecht, wenn man sie darauf reduziert. Die bruitistische Ästhetik entsprach dem Zeitgeist in einem viel tieferen Sinn. Sie ist Ausdruck des euphorischen Glaubens an die unbegrenzten Möglichkeiten der Technik, einer gefährlichen Aufbruchsstimmung, die eine ganze Männergeneration in den Krieg trieb, darunter viele der Futuristen.

Für Luigi Russolo kann es keinen Lärm geben, denn er akzeptiert jedes Geräusch. Er beurteilt die Geräusche nicht, sondern nimmt sie als Beobachter wahr, staunend, genießend, als handle es sich um Naturereignisse, an denen der Mensch keinen Anteil hat. Er käme gar nicht auf die Idee zu fragen, wer wen mit einem Geräusch belästige, oder ob ein Geräusch vermeidbar sei. Sogar den Kriegslärm beschreibt Russolo als reines Klangereignis. Er analysiert die Laute der Geschosse, als wären es Musikinstrumente. »Das Pfeifen der Granate in der Luft verändert sich, je nach Kaliber. Je kleiner das Kaliber, umso höher und regelmäßiger das Pfeifen. Bei großen Kalibern wird dieses Pfeifen tiefer und unregelmäßiger in der Tonhöhe, und zum charakteristischen Geräusch von zerrissener Leinwand kommen andere, kleinere hinzu, mit wechselnder Intensität. Bei den größten Kalibern unterscheidet sich der Lärm kaum von dem eines vorbeifahrenden Zugs. Was immer das Kaliber der Granate, ihr Pfeifen in der Luft gleicht sich in einer Hinsicht: Von dem Moment an, wo die Granate die Kanone

verlässt bis zu ihrer Ankunft, fällt die Tonhöhe bis zur Explosion. Dieser Unterschied in der Tonhöhe kann bei langer Flugbahn bis zu zwei Oktaven oder mehr betragen. Der Übergang vom höchsten Ton bis zum tiefsten geht enharmonisch durch alle Schritte der Tonleiter, das heißt, es ist eine echte Schattierung vom höchsten bis zum tiefsten Ton.«
Um den Lesern eine Ahnung von den musikalischen Qualitäten des Schlachtenlärms zu geben, zitiert Russolo seinen Freund Marinetti, der ihm Briefe aus dem Schützengraben schickte, mit seitenlangen Klang-Impressionen wie der folgenden: »(...) Gebimmel 3 bulgarische Bataillone auf dem Marsch kroook-kraaak (langsam) Schumen Maritza oder Karwawena ZANG-THUMB-TUUUMB tocktocktocktock (sehr schnell!) krook-kraak (langsam) Schreie der Offiziere Schlagen wie Messingteller peng hier pook da BUUUM tsching tschack (schnell) tschatschatscha-tschatschaak oben unten da da ringsherum nach oben Achtung der Kopf tschaak schön! Flammen Flammen Flammen Flammen (...).« Russolo meldete sich als Freiwilliger an die Front, und er schreibt von dem Glück, »inmitten der wunderbaren, gewaltigen und tragischen Sinfonien des modernen Kriegs zu kämpfen«.
Nicht nur den Krieg wollte Russolo als musikalische Komposition verstanden wissen. Für ihn waren die Geräusche eine bisher ungenutzte Ressource für die Musik. Er war überzeugt davon,

»dass wir durch Auswahl, Koordinierung und Beherrschung aller Geräusche die Menschen um eine neue, ungeahnte Wollust bereichern können«. Russolo selbst war Maler und kein Musiker, und gerade seine Unbedarftheit befähigt ihn in seinem Manifest zur großen Geste: »Wir Futuristen haben die Harmonien der großen Meister ohne Ausnahme lieben und schätzen gelernt. Beethoven und Wagner haben unser Gemüt und unsere Nerven jahrelang aufs Äußerste gereizt. Jetzt aber sind wir ihrer überdrüssig und erfreuen uns stärker an geschickt kombinierten Geräuschen von Straßenbahnen, Vergasermotoren, Wagen und kreischenden Menschenmengen als beispielsweise am wiederholten Hören der *Eroica* oder der *Pastorale*.«

Die Absage an die klassischen Meisterwerke richtete sich jedoch weniger gegen die Musik, als gegen das Bildungsbürgertum, das den Lärm verabscheute und die Musik heilighielt – eben weil sie kein Lärm war, sondern kultivierter, ästhetischer, verfeinerter Schall. Dass Russolos Ablehnung ausgerechnet auf Beethoven zielt, hat allerdings eine gewisse Ironie, denn Beethoven pflegte durchaus das Lärmige in seiner Musik, und er war es auch, der die Lautstärke als eigenständiges Ausdrucksmittel entdeckt hatte. Während sich bei Mozart die Lautstärke-Angaben meist aus dem Zusammenhang erschließen lassen, kann bei Beethoven ein *sforzato* oder ein unerwartetes *crescendo* über die

Aussage einer Phrase entscheiden. Solche Lautstärken-Effekte konnte Beethoven wiederum nur einsetzen, weil die Instrumente lauter wurden und mehr Differenzierungen erlaubten. Das galt nicht nur für den Flügel, sondern auch für die Orchester, die während des 19. Jahrhunderts mit den Konzertsälen wuchsen. Mahler und Strauß setzten in ihren spätromantischen Sinfonien das Orchester schließlich als Klangapparat ein, dessen Lautstärke bis an die Schmerzgrenze geht. Das Lauterwerden des Orchesters empfand das Bildungsbürgertum jedoch nicht als Lärm. Der Konzertbesuch war ein Statussymbol, und ein repräsentativer Klang steigerte nur dessen Wert.

Das Sinfonieorchester blieb nicht lange der Klangkörper, der den größten Schallpegel erzeugen konnte. Die Big Band steigerte ab den 1920er-Jahren mit ihren mehrfach besetzten Blechbläsern und Saxophonen die Lautstärke – eine entgrenzende Erfahrung, die das Bürgertum nachhaltig verstörte. »Aus einem Tanzlokal, an dem ich vorüberkam, scholl mir heiß und roh wie der Dampf von rohem Fleisch, eine heftige Jazzmusik entgegen. (...) Ich stand einen Augenblick schnuppernd, roch an der blutigen grellen Musik, witterte böse und lüstern die Atmosphäre dieser Säle«, heißt es in Hermann Hesses *Steppenwolf*. Die physischen Grenzen der Lautstärke allerdings wurden erst in den 1960er-Jahren gesprengt. Die ersten kommerziellen Lautsprecher bedeuteten eine Lärmrevolution, die nur mit der neuen Erfahrung des Großstadtlärms zu Anfang des Jahrhunderts vergleichbar ist. Die elektronische Verstärkung eignet sich bestens als Bürgerschreck, deshalb ist Lautstärke im Rock'n'Roll eine Haltung: Rock'n'Roll rockt nur, wenn er laut ist. Die Protest-Energie der Hippiebewegung speiste sich nicht zuletzt aus der Lärmlizenz, die sich die jungen, wütenden, lebenshungrigen Musiker nahmen, ohne zu fragen.

Doch nicht nur im Rock'n'Roll veränderte sich die Auffassung dessen, was und wie Musik sein kann. In der ersten Hälfte des 20. Jahrhunderts wurde die moderne Musik beweglicher, differenzierter und dissonanter. Damit gerieten nicht nur überkommene Systeme wie die Tonalität ins Wanken, sondern auch die Grenze zwischen Tönen und Geräuschen. Physikalisch gesehen ähnelt ein Geräusch einem sehr komplexen Akkord, und so nimmt man die extrem ausdifferenzierten Tonballungen, die man etwa in Debussys späten *Préludes* oder in Schönbergs Orchesterstücken antrifft, nicht mehr als Summe von einzelnen Tönen wahr. Sie wirken als Farbe – oder eben als Geräusch.

Niemand hatte den Bürger mit dem Einzug der Geräusche in die Musik erschrecken wollen. Doch dieser erschrak gewaltig. Wenn ein Orchester Geräusche spielt, entsteht im Sinfoniekonzert eine Atmosphäre der Peinlichkeit, als dürfte die

Reinheit der Musik nicht durch Geräusche beschmutzt werden. »Das ist keine Musik, sondern Lärm« – mit dieser Standardfloskel war das konservative Publikum zu allen Zeiten schnell zur Hand, wenn es darum ging, das Neue in der Musik abzulehnen, ohne es sich anhören zu müssen. Gerade weil in der bildungsbürgerlichen Sphäre der Lärm als etwas Triebhaftes, Unkontrolliertes, Primitives galt, wirkte schon die Vorstellung, dass Lärm Kunst sein könnte, als Tabubruch. Um die Jahrhundertwende verschärfte sich der Protest des Bürgertums gegen die neue Musik: Die Uraufführungen von Hauptwerken der musikalischen Moderne führten regelmäßig zu Skandalen und Tumulten. Die Irritation hält sich bis heute. Wenn etwa in Edgar Varèses *Amériques* die Sirenen und Ratschen im Orchester ertönen, kann man das verunsicherte Publikum im Konzertsaal kichern hören – eine Übersprungshandlung angesichts des Tabubruchs.

Luigi Russolo war mit seiner Geräuschmusik allerdings eher ein Kuriosum an der Peripherie der Kunstmusik. Seine Geräuschmaschinen (»Intonarumori«) ließ er prasseln, schnauben, brummen, knarren, klirren, röcheln, zirpen etc. Er wollte nicht nur bekannte Geräusche imitieren, sondern die Neugier des Publikums durch klangliche Verfremdungen und neu erfundene Geräusche reizen, und so entwickelte er eine Systematik der Geräusche in sechs Kategorien. Russolo schrieb eigene Kompositionen für die Intonarumori, sogenannte »Geräuschspiralen« mit Titeln wie *Erwachen einer Stadt, Mittagessen auf der Hotelterrasse* oder *Das Zusammentreffen von Automobilen und Aeroplanen*. Das erste Geräuschkonzert in Mailand war 1914 allerdings ein Fiasko. Das Publikum erschien zahlreich, jedoch mit der erklärten Absicht, selbst Lärm zu machen. Mit Pfiffen, Zischen und Gebrüll übertönten die Zuhörer die Musik, bis das Konzert schließlich in eine Schlägerei ausartete. Während Russolo standhaft weiterdirigierte, prügelten seine futuristischen Mitstreiter im Saal ein Dutzend Lärmstörer krankenhausreif. Spätere Aufführungen in Genua und London gingen dann ohne größere Probleme über die Bühne.

Trotz der Geräusche war Russolos Musik alles andere als neu. Was man auf den Originalaufnahmen hört, ist Salonmusik, an die hin und wieder ein Geräusch angeklebt wird. Das tönt etwa so, als würde am offenen Fenster ein Lastwagen vorbeifahren oder als hörte man ein seltsames Tier dazwischenbrummen. Wie konventionell seine Geräuschmusik war, dürfte Russolo kaum bewusst gewesen sein – eine Falle, in die viele Verächter der Tradition tappen. In der Geschichte der modernen Musik hat der Futurismus mit seiner Lärm-Verherrlichung daher kaum Spuren hinterlassen. Arthur Honeggers *Pacific 231*, George Antheils *Ballet mécanique* und Alexander Mossolows *Eisengießerei* sind Einzelwerke geblieben; nach einer kurzen wilden Zeit vollzogen all diese Komponisten eine konservative Wende (Mossolow allerdings unter dem Druck der stalinistischen Kulturpolitik).

Die etwas naive Ideologie der Futuristen blieb auch jenen Komponisten fremd, die in ihrem eigenen Werk die Emanzipation der Geräusche in der Musik vorantrieben, so machte sich Edgar Varèse etwa über Russolo lustig. Dem Vorwurf, seine Musik sei Lärm, entzog sich Varèse durch eine neue Definition von Musik. Die Musik, die er komponiere, sei »son organisé«, wobei er zwischen ›son‹ und ›bruit‹ keinen Unterschied mache. Inzwischen ließ sich die strikte Trennung zwischen Ton und Geräusch auch physikalisch nicht länger aufrechterhalten. Die Spektralanalyse hatte gezeigt, dass auch der reine Instrumentalklang erst durch einen geräuschhaften Einschwingvorgang seinen Charakter erhält.

Mag der Futurismus in der Musik eine bloße Mode gewesen sein – die Erfahrung, dass Musik und Lärm nicht notwendig zueinander im Widerspruch stehen, hat unser Hören nachhaltig verändert. Die meisten Komponisten würden heute wohl der Aussage von Edgar Varèse zustimmen, dass Musik organisierter Klang sei.

Der schlimmste Lärm

»Kratzende, quietschende Geräusche. Zum Beispiel Brot über einen Teller ziehen, der frisch aus der Spülmaschine kommt.«

»Die Handy-Melodien, die überall losdudeln.«

»Wenn jemand hinter mir im Kino Kaugummi kaut. Überhaupt vertrage ich diese Schnalzgeräusche nicht, wenn sich zum Beispiel jemand mit der Zunge Speisereste aus den Zähnen saugt. Schlimm finde ich auch das Quietschen, wenn Züge in den Bahnhof Zürich-Stadelhofen einfahren.«

»Jeder Lärm, hinter dem eine Absicht steht. Lautes Dozieren. Und Musik, die ich mir nicht anhören will. Sonst nichts.«

»Die Stimme des Fußballreporters im Radio. Wenn mein Mann und mein Sohn draußen im Garten sind, lassen sie das Autoradio bei offener Tür extra laut laufen, damit sie nichts verpassen. Dieses hysterische Reportergeschrei und das Aufheulen des Publikums bei jedem Tor – das halte ich nicht aus.«

Wie laut ist zu laut?

WAS IST UNZUMUTBAR – der Lärm oder die Lärmempfindlichkeit desjenigen, der den Lärm für unzumutbar hält? Bevor es physikalisch möglich war, die Lautstärke von Geräuschen zu messen, ließ sich diese ewige Streitfrage aller Lärmkonflikte kaum beantworten. Die Gerichte hielten sich in der Not an das Lärmempfinden ›des gesunden Durchschnittsmenschen‹, wer immer das auch sein sollte. Eine Urteilsbegründung von 1908 kam etwa zu folgendem Schluss: »Derjenige, der größerer Ruhe bedarf, als gewöhnlich ist und als ihm durch die aus dem Zusammenleben mit anderen Menschen fließenden gemeinüblichen Störungen gewährt werden kann, hat selbst für die Befriedigung dieses außergewöhnlichen Bedürfnisses Sorge zu tragen und hat keinen Anspruch darauf, dass seine Nachbarn sich in dem Recht auf die gemeinübliche Nutzung ihres Eigentums Schranken auferlegen. Er mag seine Wohnung seinem Bedürfnisse entsprechend einrichten, sein Verbietungsrecht gegen die Nachbarn wird durch seine Schallempfindlichkeit nicht gesteigert.«

Obwohl es bereits im 19. Jahrhundert Gesetze gegen Lärmemissionen gab, hatten Lärmklagen vor Gericht damals kaum eine Chance. Mangels messbarer Grenzwerte musste der Richter sein Urteil auf die Aussage von Zeugen stützen. Doch wie beweist man, dass man unter dem Lärm des Nachbarn leidet? Des einen Lärm ist des anderen Musik, und abgesehen davon stand der Lärmkläger von vornherein unter dem Verdacht der Überempfindlichkeit. Konnte die Gegenseite Zeugen vorbringen, die unter Eid aussagten, dass der betreffende Lärm ihnen nichts ausmache, galt der Kläger als Neurastheniker. Und da dessen Leiden von denen des gesunden Durchschnittsmenschen abwichen, waren sie auch nicht justiziabel.

Als in den 1920er-Jahren die Lautstärke physikalisch messbar wurde, begann daher eine neue Ära in der Geschichte des Lärms. Nun ließen sich Grenzwerte für die erlaubte Lautstärke festlegen, und damit hatten die Gerichte einen objektiven Maßstab für Lärm. Doch wie sich rasch zeigte, waren die Probleme damit keineswegs gelöst – denn messen lässt sich nur der Schall, nicht aber der Lärm. Die Schwierigkeiten beginnen bereits bei der Darstellung des Schallpegels, denn die Bandbreite der Lautstärken, die unser Gehör verarbeitet, ist enorm. Das Verhältnis zwischen dem leisesten Ton (Hörgrenze) und dem lautesten Ton (Schmerzgrenze) beträgt eins zu drei Millionen.

Wollte man den Schallpegel in absoluten Zahlen darstellen, hätte man es mit hohen Zehnerpotenzen zu tun. Damit jedoch lässt sich in der Praxis nicht arbeiten, daher wird die Lautstärke in Dezibel angegeben, einer Hilfsmaßeinheit, welche den Schallpegel in Zahlenwerte zwischen null Dezibel für die Hörgrenze und 130 Dezibel für die Schmerzgrenze umwandelt. Wir hantieren ganz unbekümmert mit Dezibel, doch kaum jemandem ist bewusst, dass es sich dabei nicht um eine lineare Skala, sondern um eine algorithmische Ableitung handelt. Einen Dezibelwert versteht man nur, wenn man die Umrechnungswerte präsent hat. Nimmt die Lautstärke um zehn Dezibel zu, verzehnfacht sich die Schallenergie, was wiederum vom Ohr als eine Verdopplung der Lautstärke wahrgenommen wird. Eine Zunahme um zwanzig Dezibel bedeutet eine hundertfache, eine Zunahme um dreißig Dezibel eine tausendfache Schallenergie. Eine Lärmsenkung von achtzig auf siebzig Dezibel bedeutet eine Halbierung der Lautstärke – doch das sieht man den Zahlen nicht an.

Die Lautstärke allein allerdings ist noch nicht die ganze Wahrheit über den Schall, darin besteht das nächste Problem. Der Schall ereignet sich in der Zeit, und meistens bleibt er während seiner Dauer nicht konstant. Gerade jene Geräusche jedoch, die sich ständig verändern, stören uns besonders: die Eisenbahn, die jede halbe Stunde vorbeifährt, oder die

Flugzeuge, die von sechs bis zehn Uhr morgens im Dreiminutentakt starten. Theoretisch müsste man den Dezibelwert für jede Sekunde messen. Doch das wäre für die Praxis viel zu aufwändig, deshalb bestimmt man bei der Lärmmessung ein Zeitfenster und errechnet für dieses einen Mittelwert, auf den sich dann der Grenzwert bezieht. Dieser Mittelwert ist jedoch nur sehr bedingt aussagekräftig. In vielen Fällen ist dieser abstrakte Durchschnittslärm in keinem einzigen Moment wirklich zu hören, denn je weniger konstant der Schall und je größer das Zeitfenster, desto stärker weicht der errechnete Mittelwert vom erlebten Lärm ab. Wenn beispielsweise in der Nacht jede Stunde ein Schnellzug am Haus vorbeirast, werden die Bewohner jedes Mal aus dem Schlaf gerissen, doch wegen seiner kurzen Dauer wirkt sich das Geräusch auf den Schallpegel kaum aus, und die Anwohner hätten demnach keinen Grund, sich über Lärm zu beklagen. Auch beim Fluglärm verzerrt der Tagesmittelwert die tatsächliche Belastung. Ob zwischen 6 und 22 Uhr drei alte, laute Jumbojets übers Hausdach donnern oder ob die gleiche Lärmsumme von 220 modernen Flugzeugen verursacht wird, ist für den Tagesmittelwert egal, nicht jedoch für die Menschen, die dem Fluglärm ausgesetzt sind. Grenzwerte können paradoxerweise sogar zu einer Verstärkung des wahrgenommenen Lärms führen. Je leiser die Flugzeuge werden, desto mehr von ihnen dürfen in einem bestimmten Zeitraum starten und landen, bis der Grenzwert erreicht ist.

Obwohl die Lärmmessung der akustischen Wirklichkeit nicht immer gerecht wird, hat sie den Umgang mit Lärm in der Nachkriegszeit maßgeblich geprägt. Lärmkarten und Grenzwerte sind in den letzten Jahrzehnten eine Selbstverständlichkeit geworden, so verlangt etwa eine EU-Richtlinie von 2002 die Erfassung der Lärmbelastung in allen Regionen eines Mitgliedsstaats sowie die Ausarbeitung von Aktionsplänen; beides muss alle fünf Jahre auf den neuesten Stand gebracht werden. Die Maßnahmen, mit denen der Lärm im Straßenverkehr verringert werden kann, reichen von Geschwindigkeitsbegrenzungen und Umfahrungen bis zu Baumaßnahmen wie der Erneuerung des Straßenbelags – Beton und Pflastersteine etwa verstärken das Reifengeräusch um bis zu sechs Dezibel.

Wir haben den Eindruck, die Welt werde immer lauter, doch das ist eine gefühlte Annahme. Historisch beweisen lässt sich weder das Lauter- noch das Leiserwerden der Welt, und für beides gibt es Indizien. So gehören Feuerwehrsirenen zu den wenigen Klangerzeugern, deren historische Lautstärke sich feststellen lässt. Da die Sirenen alle paar Jahrzehnte um einige Dezibel lauter wurden, liegt der Schluss nahe, dass der Verkehrslärm ebenfalls lauter wurde, denn diesen müssen die Sirenen ja übertönen. Doch als in den 1920er-Jahren in New York die ersten Lärmmessungen durchgeführt wurden, zeigte sich zur Überraschung der Akustiker, dass Pferdefuhrwerke lauter waren als Automobile.

Der Grundsatz, dass jeder technische Fortschritt mit einem Zuwachs an Lärm bezahlt werden müsse, stimmt längst nicht mehr. Denn Technik verursacht nicht nur Lärm, sie hilft auch, ihn zu vermeiden. Ein ganzer Industriezweig lebt von der Lärmreduktion, sei es passiv mit Schallschutzwänden und -fenstern, sei es aktiv mit der Entwicklung leiserer Maschinen. In den 1970er-Jahren war ein röhrender Motor beim Autokauf noch ein positives Kriterium, denn die Lautstärke suggerierte Kraft und Macht. Doch heute gilt: Leise ist sexy. Moderne Flugzeuge und Autos sind leiser als ihre Vorgänger, und dem ICE hört man seine 300 Kilometer pro Stunde nicht an. Nun ist das Umweltabzeichen *Der blaue Engel* ein Kauf-Argument, denn es weist auf lärmarme Bagger, Autobusse und Gartenhäcksler hin. In Science-Fiction-Filmen wird der Traum von der lärmbefreiten Zukunft wahr. Hier schließen Schiebetüren sich geräuschlos, und die lichtschnellen Raumschiffe schweben unhörbar durchs All.

Wenn so viel gegen den Lärm getan wird – warum ist unsere Welt dann immer noch so laut? Dafür gibt es viele Gründe. Es beginnt damit, dass unsere Gesellschaft das akustische Wissen, über das sie verfügt, ausgerechnet dort nicht einsetzt, wo die

Lärmbekämpfung am einfachsten und am wirkungsvollsten wäre – nämlich beim Bau der Wände, in denen wir einen Großteil unseres Lebens verbringen. Die Nachhallzeiten des Schalls werden von den Materialien bestimmt, die ihn begrenzen. Glatte, harte Wände verstärken den Schall, und wenn die Wände parallel zueinander stehen, prallt der Schall überdies von ihnen ab und wird reflektiert. Ob eine Wohnung hellhörig ist, entscheidet sich daran, wie die Wände mit der Decke und dem Fußboden verbunden sind. Auch die Rohre und Leitungen in der Wand wirken als Schallverstärker, und zwar besonders dann, wenn es keine Kurven oder Schlaufen gibt, in denen die Schallwellen sich brechen. Im Städtebau gelten die gleichen Prinzipien. Wenn die Straßen gerade verlaufen und an ihren Seiten glatte Glas- und Betonfassaden aufragen, wird der Verkehrslärm lauter. Auch die Psychologie spielt eine Rolle. Wird eine Straße mit Bäumen begrünt, empfindet man den Verkehrslärm als weniger laut.

Wie laut es in unserer Welt ist, hängt jedoch weniger von der technischen Machbarkeit ab als vom politischen Willen. Politiker scheuen vor der aktiven Lärmbekämpfung zurück, denn mit der Reduktion von Dezibelzahlen ist bei den Wählern kein Blumentopf zu gewinnen – und dies obwohl in Umfragen mehr als die Hälfte der Deutschen angeben, unter Lärm zu leiden. Nur selten lassen sich Lärmprobleme zur Zufriedenheit aller Beteiligten lösen, und außerdem ist Lärmbekämpfung teuer. Laut dem Berliner Senat kostet jeder Dezibel weniger Verkehrslärm pro Bewohner zehn bis dreizehn Euro, eine Investition, von der hinterher nichts zu sehen ist. Daher kommt es Politikern durchaus entgegen, dass die Lärmwahrheit der Dezibelzahlen nur Eingeweihten zugänglich ist. Warum einige Millionen Euro für Schalldämmung an einer Durchgangsstraße ausgeben, wenn dies den Lärm ›nur‹ um vier oder fünf Dezibel senkt? Suggestion kostet nichts, und so wird Lärmbelastung gern mit Begriffen wie ›Flüsterasphalt‹ oder ›Flüsterjets‹ bagatellisiert – als müsste man die Ohren spitzen, um das Flugzeug überhaupt noch starten zu hören.

Für konkrete Lärmbeschwerden ist das Ordnungsamt des Wohnorts zuständig. Dort werden die Grenzwerte durchgesetzt, die in der *Technischen Anleitung zum Schutz vor Lärm* (kurz *TA Lärm*) festgelegt sind, so darf etwa in Wohngebieten der Schallpegel tagsüber nicht mehr als 55 Dezibel und nachts nicht mehr als 40 Dezibel betragen. »Verkehrslärm wird meist hingenommen, da es sich um unvermeidlichen Lärm handelt«, sagt Jens-Holger Kirchner vom Ordnungsamt Berlin-Pankow. »Die meisten Beschwerden von Bürgern betreffen den Lärm der Nachbarn oder die Umtriebe des Nachtlebens, denn da dieser Lärm vermeidbar ist, ließe sich daran auch etwas ändern.« Das Nachtleben einer lebendigen Stadt stellt einen klassischen Zielkonflikt dar, wie das Beispiel der Kulturbrauerei im Prenzlauer Berg zeigt. Einerseits ist man froh, dass die seinerzeit für 3,5 Millionen D-Mark sanierte historische Fabrikanlage als Kultur- und Eventstandort mit Kino, Gastronomie und Partys funktioniert, doch andererseits entsteht für die Anwohner eine erhebliche Lärmbelastung, und zwar nicht nur durch die Veranstaltungen selbst. Diese müssen die Grenzwerte und die Nachtruhe einhalten, ansonsten drohen Bußgelder, die im Wiederholungsfall bis zu 50 000 Euro gehen können. »Man macht sich keine Vorstellung davon, was da alles dranhängt«, sagt eine Anwohnerin. »Tagsüber stehen Lastwagen mit lauten Kühlsystemen in der Straße, und am Wochenende warten ab morgens um vier die Taxen mit laufendem Motor auf Kundschaft. Ab acht Uhr beginnt dann die Müllbeseitigung, mit klirrenden Flaschen und Mülltonnen, die rumpelnd über die Pflastersteine gezogen werden.«

In der Kulturbrauerei hat sich in den vergangenen Jahren in Sachen Lärmbekämpfung einiges getan. Den Saal des ›Kesselhauses‹ müssen die Partygäste durch eine Lärmschleuse betreten, und Sondergenehmigungen, bei denen die Grenzwerte überschritten werden, gibt das Ordnungsamt im Voraus bekannt, damit die Anwohner allenfalls übers Wochenende wegfahren können – seitens von Veranstaltern gab es sogar das Angebot bezahlter Hotelübernachtungen. Doch auch solche Maßnahmen ändern nichts daran, dass es hier lauter ist als in einem Villenviertel. Wer wirklich Ruhe will, hat keine Wahl, sondern muss in ein Quartier ziehen, wo abends ab 20 Uhr niemand mehr auf den Straßen ist.

Berlin hat im Zuge der Entbürokratisierung in den vergangenen Jahren einige Regelungen bezüglich Lärm gelockert, so benötigen Straßenmusikanten heute keine Genehmigung mehr. »Der Gesetzgeber möchte, dass mehr Lärm hingenommen wird«, sagt Kirchner. »Das bedeutet einerseits, dass mehr Freiheit gewährt wird, und andererseits, dass der Einzelne mehr Verantwortungsgefühl entwickeln muss.« Gegen den Lärm einer lebendigen Stadt gibt es ohnehin kein juristisches Instrumentarium. »Das hat doch auch etwas Gutes, wenn die Leute unterwegs sind. Sollen sie denn zu Hause vor dem Fernseher sitzen?«, so Kirchner.

Die Probleme, die der Nachbarschaftslärm schafft, lassen sich mit juristischen Mitteln erst recht nicht lösen, zumindest solange die Nachtruhe respektiert wird. »Hier hat man es bisweilen mit den Abgründen der menschlichen Seele zu tun«, sagt Jens-Holger Kirchner. Meist verdecke der Lärmkonflikt ganz andere Probleme. »Man bekommt Dinge zu hören wie: Seit wir uns nicht mehr duzen, ist der Nachbar so laut.« Wer im Ordnungsamt arbeitet, kann Geschichten erzählen. Eine Frau hat sich ein Haus neben einem Reitbetrieb gebaut, mit dem Schlafzimmerfenster zum Stall. Nun beschwert sie sich über das Schnauben der Pferde, das sie nicht schlafen lasse. In der Nacht führt sie Protokoll darüber, zu welcher Uhrzeit ein Pferd geschnaubt oder mit dem Huf aufgeschlagen hat. Manchmal übernachtet sie deswegen im Wohnwagen. »Viel wichtiger als die Störung durch die Geräusche der Pferde ist wohl, dass sie ihre eigene Fehlentscheidung, das Schlafzimmer zum Stall hin zu bauen, nicht verwinden kann. Man mag darüber lachen – doch für die Betroffenen ist es bitterer Ernst. Viele, die herkommen, sind mit den Nerven am Ende.« Oder die Mieterin, die sich darüber beklagte, dass die Nachbarin in der Wohnung über ihr 24 Stunden am Tag Sex habe, sieben Tage die Woche. »Wer weiß, vielleicht hat die Nachbarin ihr den Mann ausgespannt?« Das Ordnungsamt kann in solchen Fällen nur moderieren und eine Schiedskommission empfehlen. Manchmal gebe man auch Tipps, wie man den Nachbarn anspricht, denn dies sei durchaus nicht selbstverständlich. Oft sind es Einzelpersonen, die in ihrem Kampf gegen den Lärm enorme Energien entwickeln und mit ihren Eingaben ganze Verwaltungen beschäftigen. Nachdem ein Hausbesitzer in einem Dorf am Rand Berlins erfolglos gegen Feuerwerk geklagt hatte, will er nun erreichen, dass keine Rettungshubschrauber mehr über sein Dach fliegen dürfen. Der Übergang zu Psychosen und Verfolgungswahn ist fließend, und oft habe man den Eindruck, dass psychische Krankheiten eine Rolle spielen. Gegen eingebildeten Lärm allerdings ist jede Behörde machtlos.

Dass die Welt nicht leiser zu werden scheint, liegt nicht nur am Lärm, sondern auch an uns. Theodor Lessings Lärmkatalog ist in vielen Punkten überholt – doch ist überhaupt schon jemandem aufgefallen, dass es keinen Teppichklopfer mehr gibt? Wir schreien auf, wenn ein neuer Lärm dazukommt, doch wenn ein Lärm verschwindet, merken wir es nicht. Wie leise der Verkehr in unseren Städten geworden ist, merkt man erst in Italien. Im ärmeren Süden fahren noch die ratternden, rumpelnden, quietschenden Straßenbahnen und Busse, die der Norden ausrangiert hat. Doch auch eine italienische Metropole ist leise im Vergleich zum Lärm, der in orientalischen Großstädten wie Kairo oder Damaskus herrscht.

Gleichzeitig hat sich unsere Lärmempfindlichkeit verändert. Je vermeidbarer der einst unvermeidliche Lärm wird, desto stärker beginnt er uns zu stören. Wir empfinden unsere Umgebung gerade deswegen als lauter, weil sie leiser wird. Früher etablierten sich Nobelrestaurants an der Hauptstraße, mitten im urbanen Geschehen. Dort findet man heute nur Imbissbuden und Bierkneipen, denn weil uns die Verkehrsadern zu lärmig sind, sind die Mieten dort billig. Die Edelgastronomie dagegen hat sich in die ruhigen Seitenstraßen zurückgezogen.

Wer es sich leisten kann, weicht dem Lärm aus und zieht in eine ruhigere Wohngegend. Damit bestimmt der Lärm nicht nur die Immobilienwerte, er führt auch zu einer Segregation der Gesellschaft. Im Lärmghetto bleiben die Armen zurück, während die Reichen im Einfamilienhaus am Stadtrand wohnen. Einzig vor dem Fluglärm sind alle Menschen gleich. Auch wohlhabende Eigenheimbesitzer, die sich Ruhe gekauft haben, sind nicht davor gefeit, sich eines Tages in einer Flugschneise wiederzufinden. Ein Haus im Grünen gibt man nicht ohne weiteres auf, daher kommt Wegziehen nicht in Frage. Entsprechend heftig ist der Protest gegen den Fluglärm – viele bürgerliche Hauseigentümer werden im fortgeschrittenen Alter zum ersten Mal im Leben zu Demonstranten. Und weil die Fluglärm-Aktivisten meistens zur gesellschaftlichen Elite gehören, findet ihr Protest in der Öffentlichkeit auch Gehör.

Was für Folgen hat der Lärm? Das englische Wort ›noise‹ kommt vom lateinischen ›nausea‹ für Seekrankheit, Übelkeit. Dass Lärm krank macht, ist eine Binsenweisheit. Doch beweisen lässt sie sich nicht so leicht, denn auch für die Medizin ist der Lärm ein komplexes Phänomen. Die einzigen unumstrittenen Lärmfolgen sind Gehörschäden – die übrigens langfristig unsere Umgebung durchaus lauter werden lassen, denn wenn immer mehr Menschen schlecht hören, werden etwa im Kino die Laufsprecher aufgedreht. Die Schädigung des Gehörs ist ein mechanischer Vorgang: Ab einem bestimmten Schallpegel schädigt der Luftdruck die empfindlichen Teile des Innenohrs. Ob der Schall von einem Pressluftbohrer oder von Musik stammt, spielt dabei ebenso wenig eine Rolle wie, ob der Hörgeschädigte sich vom Lärm gestört fühlt. Alle anderen Krankheitssymptome jedoch, die mit dem Lärm in Verbindung gebracht werden, sind diffus. Schlaflosigkeit, Kopfschmerzen, Bluthochdruck, Verdauungsstörungen, Impotenz, Depressionen – bei diesen Leiden kommen auch andere Ursachen in Frage.

Zwischen 2000 und 4000 Herzinfarkte sollen in Deutschland jedes Jahr auf Lärmbelastungen zurückgehen. Doch dies ist eine bloße Schätzung, denn die Lärm-Segregation macht den empirischen Nachweis von Lärmkrankheiten so gut wie unmöglich. Menschen, die in Lärmghettos leben, sind nicht nur einer höheren Lärmbelastung ausgesetzt, sie sind auch ärmer als die Durchschnittsbevölkerung. Ärmere Menschen jedoch leiden statistisch häufiger an Alkoholismus und Depression, sie ernähren sich schlechter und bewegen sich weniger, sie sind häufiger arbeitslos und häufiger krank – auch ohne Lärm. Doch selbst wenn man in einer Studie lauter Probanden mit vergleichbarem Lebensstandard untersucht, erleben diese nicht den gleichen Lärm. Für einen Rentner, der im eigenen Haus lebt und gern im Garten arbeitet, bedeutet Fluglärm etwas anderes als für den Studenten, der seine Mietwohnung nur zum Schlafen benutzt und nicht vorhat, hier den Rest seines Lebens zu verbringen. Von der psychischen Einstellung zum Lärm hängt jedoch die nervliche Belastung ab, die zu Bluthochdruck oder Depressionen führen kann.

Daher verwundert es nicht, dass es nur wenige medizinische Untersuchungen zur Wirkung von Lärm gibt, die wissenschaftlichen Kriterien standhalten – und diese wiederum kommen kaum zu spektakulären Ergebnissen. Das deutsche Umweltbundesamt hat von 1998 bis 2001 eine Studie in Auftrag gegeben, in der über viertausend Herzinfarktpatienten aus 32 Berliner Spitälern daraufhin beobachtet wurden, ob sich zwischen Verkehrslärm und Herzkrankheiten ein Zusammenhang feststellen lasse. Anhand der Berliner Verkehrslärmkarte wurde die jeweilige Lärmbelastung ermittelt, der die Probanden in ihrer Wohngegend ausgesetzt waren. Demnach liegt bei einem Umgebungslärm von 65 Dezibel das Risiko, einen Herzinfarkt zu erleiden, um 30 Prozent höher als bei einem Umgebungslärm von 60 Dezibel. Doch seltsamerweise gilt dieser Befund nur für Männer – warum bei Frauen keine lärmbedingten Herzprobleme auftraten, konnte die Studie nicht klären.

Der schlimmste Lärm

»Ich musste mit einer Nierenkolik ins Krankenhaus. Die Schmerzen waren kaum zu ertragen. Und dann lief im Warteraum ein Fernsehgerät, das man nicht ausschalten konnte – zentral gesteuert!«

»Rasenmäher. Kreissäge. Wenn im Zug jemand mit Kopfhörern neben mir sitzt, und ich bin gezwungen, die Rhythmen mitzuhören – das macht mich rasend.«

»Der Sex meiner Nachbarn. Vor allem, wenn es so künstlich ist. Aber das ist wenigstens schnell vorbei.«

»Ein Auto-Alarm, und niemand reagiert. Am schlimmsten jedoch ist das Geräusch, wenn Metall und Glas aneinanderschlagen. Wenn jemand mit dem Löffel ein Marmelade-Glas auskratzt, das macht mich wahnsinnig.«

»Die freie Zeit der anderen. Ihr Geplapper, ihr Musikhören. Alles was sie tun, weil sie nichts zu tun haben.«

An der akustischen Mutterbrust

»Wir besitzen Häuser für Akustik, in denen wir die Töne und ihre Entstehung erforschen und vorführen«, so berichtet ein Bewohner des sagenhaften Inselreichs Neu-Atlantis einem Gast aus Europa. In Francis Bacons utopischer Schrift *The New Atlantis* von 1627 gerät die Besatzung eines europäischen Expeditionsschiffes auf der Fahrt von Peru nach China in fremde Gewässer und findet zufällig das unbekannte, hoch entwickelte Inselreich. Die Gesellschaft von Neu-Atlantis ist den Europäern nicht nur in sittlicher Hinsicht weit voraus, sondern auch in der naturwissenschaftlichen Forschung. Diese wird im ›Haus Salomons‹ betrieben, dem Prototypen einer universalen Forschungsuniversität, die alle Phänomene der Natur experimentell und theoretisch untersucht. In den Akustik-Häusern gibt es Vierteltöne und andere Mikrointervalle; die Forscher können Töne herstellen, welche die tiefen und hohen Tonlagen in jeder Lautstärke umfassen. »Mit gewissen akustischen Vorrichtungen, die an das Ohr gebracht werden, können wir das Gehör verbessern und die Tonübertragung selbst beträchtlich verstärken.« Sie haben entdeckt, wie man den Schall in ein Echo verwandeln kann, »wobei aber die Töne nicht nur wiederholt zurückgeworfen, sondern auch nach Belieben verstärkt oder geschwächt werden können; die artikulierte Stimme lässt sich dabei auch in einer anderen Klangfarbe wiedergeben«. Auch so etwas wie ein Telefon gibt es in Neu-Atlantis, jedenfalls sind die Inselbewohner im Stande, Töne »durch gerade oder gekrümmte Rohre« in weite Entfernungen zu übertragen. Mit dieser Utopie der manipulierbaren Klänge sprengte Francis Bacon die Grenzen des Denkens seiner Zeit – doch dass man den Schall von seiner Quelle trennen, ihn aufbewahren und transportieren könnte, das hat auch Bacon nicht vorhergesehen. In ihren Auswirkungen auf die Gesellschaft ist die Tontechnik so revolutionär wie der Buchdruck, nur ist das niemandem aufgefallen. Wir sind uns nicht bewusst, wie fundamental wir in die Natur des Schalls eingreifen, wenn wir Klänge aufnehmen und abspielen. Erst die (geräuschlose) Elektrizität hat uns die Macht über den Schall in die Hand gegeben. Dies hat unsere Welt nicht in erster Linie lauter oder leiser gemacht – die Veränderung betrifft etwas anderes. Wir erleben eine Verschiebung weg vom unvermeidlichen Lärm der Maschinen hin zum inszenierten, beabsichtigten und absolut vermeidbaren Lärm, der aus Lautsprechern ertönt. Am Beispiel des Computers kann man die Ersetzung des einen Schalls durch den anderen leicht nachvollziehen. Der Computer hat uns vom aggressiven Hämmern der mechanischen Schreibmaschine befreit, dafür füllt er unseren Alltag mit seinen eigenen Klängen. Schon zur Begrüßung ertönt ein Akkord, und solange der Computer läuft, teilt er sich uns durch synthetische Klänge mit – wenn wir eine unerlaubte Tastenkombination drücken, eine E-Mail erhalten oder im Internet surfen, wo man bei jedem Mausklick mit einem Klangsignet rechnen muss.

Die Entgrenzung des Schalls, die durch die Tontechnik möglich geworden ist, hat weitreichende Folgen. Früher musste man Musik machen, wenn man sie hören wollte, und ihre Dauer war abhängig davon, wie lange die Musiker Lust und Energie zum Musizieren hatten. Schon die erste Musikmaschine machte mit dem gnädigen Prinzip, dass jede Musik einmal aufhört, ein Ende. Die Drehorgel, die im 19. Jahrhundert in den Städten als Straßeninstrument aufkam, war gefürchtet, denn ein Drehorgelspieler kann stundenlang Musik ertönen lassen, ohne dass dazu die geringsten musikalischen Fähigkeiten nötig wären.

Der Londoner Philosoph Charles Babbage protokollierte seinen Kampf gegen die Straßenmusiker in einem Kapitel seiner Lebenserinnerungen *Passages From the Life of a Philosopher* (1864). Ein Viertel seiner Arbeitszeit falle den Straßenmusikern zum

Opfer – eine happige zusätzliche Einkommenssteuer, die damit den geistig Erwerbstätigen aufgebrummt werde, meint er sarkastisch. Es gab zwar Gesetze gegen Ruhestörung, doch Babbage musste einsehen, dass diese keine Wirkung hatten. Meist war kein Polizist in der Nähe, um die Personalien der Vaganten aufzunehmen, und wenn doch, zogen sich die Straßenmusiker mit falschen Angaben aus der Affäre. Babbages Anstrengungen waren sogar kontraproduktiv, denn wie alle Lärmbekämpfer wurde auch er zum Ziel des Spotts seiner Umgebung. Die Nachbarn machten sich einen Spaß daraus, dem Herrn Professor Horden von Straßenmusikern vors Haus zu schicken; bisweilen folgte ihm ein Mob von bis zu hundert Personen durch die Straßen: singend, pfeifend, johlend.

Die Drehorgel brauchte immerhin noch jemanden, der die Kurbel dreht, doch die Elektrizität hat der Menschheit die vollautomatisierte Beschallung rund um die Uhr beschert. Die Musik auf Knopfdruck braucht niemanden, der sie macht, und sie braucht niemanden, der sie sich anhört. Sie ist einfach da, im Restaurant, im Warenhaus, auf dem Flugplatz – sogar in öffentlichen Toiletten wird man bisweilen mit Musik versorgt. Viele Menschen erdulden die Beschallung verständlicherweise nicht nur, sondern sie wünschen sie auch. Sie lassen sich vom Radio wecken, und danach sorgen sie dafür, dass die Musik während des ganzen Tags nicht mehr abbricht. Sie verlassen die Wohnung nur mit Kopfhörern, um die Leere bis zum nächsten beschallten Raum zu überbrücken. Manche Menschen verbringen nicht nur den ganzen Tag unter Dauerberieselung, sondern ihr ganzes Leben. Babys können sich nicht dagegen wehren, dass sie in beschallten Wohnungen und Kindergärten aufwachsen, und auch am Ende des Lebens hört die Musik nicht auf. In den Sterbezimmern mancher Krankenhäuser läuft sie noch, wenn der Patient schon tot ist.

Viele Menschen wissen gar nicht mehr, wie sich die Welt oder ihre Seele ohne Hintergrundmusik anfühlt. Ja, sie wissen nicht einmal, dass sie Musik hören – immerhin ein Drittel gibt bei Umfragen an, Hintergrundmusik nicht wahrzunehmen. Dieser Befund gilt auch für die Gesellschaft als Ganzes. In den Feuilletons, die sonst jede noch so banale Facette des modernen Alltags aufgreifen, ist die Musikberieselung kein Thema. Einer der wenigen Autoren, die sich über die akustische Umwelt Gedanken gemacht haben, ist der kanadische Komponist und Musikforscher Murray R. Schafer. In seinem Buch *Klang und Krach* beschreibt er drei Ebenen des akustischen Raums. Der Grundton unserer Umwelt wird durch einen ›keynote sound‹ bestimmt, einen Klang, den wir gewohnt sind und nach dessen Verstummen uns etwas fehlen würde; ›key note sounds‹ sind beispielsweise Naturlaute wie Meeresrauschen, Wind, Vogelgezwitscher. Vor diesem gleichbleibenden Hintergrundgeräusch heben sich ›signals‹ ab, die man bewusst hört, etwa Warnzeichen oder Glocken. Eine dritte Kategorie von Klängen sind ›soundmarks‹, Klangsignete, die für eine Gemeinschaft eine besondere Bedeutung haben.

Mit der Industrialisierung habe sich diese Klanglandschaft tiefgreifend verändert, so Schafer. Die Maschinen hätten einen »flachen Klang« in die Welt gebracht, zu dem es in der Natur keine Entsprechung gebe – allenfalls das Summen bestimmter Insekten hat eine Ähnlichkeit mit dem Surren von Motoren oder dem Rauschen von Autorädern auf dem Asphalt. Noch weitreichender in der Wirkung sei die Abspaltung eines Klangs von seiner Quelle – ein Phänomen, für das Schafer ein aus dem Griechischen entlehntes Kunstwort erfunden hat: ›schizophonia‹ (Spaltung des Klangs). Schizophonie entsteht, wenn der Schall durch Geräte wie Telefon, Fernseher, Radio, Tonträger etc. von seiner Quelle getrennt und isoliert wiedergegeben wird. Die Anlehnung an Schizophrenie (Spaltung der Seele) ist beabsichtigt: Es solle ein nervöses Wort sein, so Schafer, das ein Gefühl der Abweichung vom Gewohnten und von Drama vermittelt, denn Schizophonie könne durchaus krank machen: Die herrenlosen Klänge steigerten die Nervosität, und sie schwächten die geistigen Kräfte. Selbst ein Schopenhauer brächte heute die Konzentration für ein Werk wie *Die Welt als Wille und Vorstellung* nicht mehr auf, davon ist Schafer überzeugt. Zu häufig würde er beim Schreiben durch schizophone Unterbrechungen wie dem Klingeln des Telefons oder Radiogeräuschen aus fremden Wohnungen gestört.

Und doch ist es, als habe die Menschheit nur auf die Beschallung gewartet, denn die Berieselung mit Musik setzte ein, sobald sie technisch möglich war. Im Jahr 1922 gründete der amerikanische General a. D. George Owen Squire die Firma *Wired Radio*, die er später in *Muzak* umbenannte (eine Kombination aus ›music‹ und ›Kodak‹). Über Telefonleitungen pumpte *Muzak* Musik in New Yorker Fabrikhallen und Büros, mit dem Ziel, bei monotonen Tätigkeiten die Arbeitsleistung zu steigern – eine Einrichtung, die so erfolgreich war, dass sich der Firmenname *Muzak* in den folgenden Jahren als allgemeiner Begriff für ›funktionelle Musik‹ eingebürgert hat, für Musik also, die nicht um ihrer selbst willen gespielt wird, sondern die eine Funktion, einen Zweck hat. In den Wolkenkratzern nahm beruhigende ›elevator music‹ den Menschen die Angst vor den Aufzügen, während Warenhäuser hofften, die Hintergrundmusik würde die Kunden zum Bleiben und Kaufen bewegen. In den Drugstores und Restaurants setzte sich die Jukebox rasch als Unterhaltungsmedium bei Tisch durch. »Millionen von uns drehen, wenn sie nach der Arbeit nach Hause kommen, die Knöpfe blindlings an, also ohne zuvor zu wissen, was dem

Kulturwasserhahn entströmen werde. Hauptsache ist uns eben, dass überhaupt etwas entströmt; dass wir überhaupt an der optischen oder akustischen ›Mutterbrust‹ liegen«, schreibt der Kulturphilosoph Günther Anders bereits in den 1950er-Jahren in *Die Antiquiertheit des Menschen*. Seine Analyse der Musikberieselung ist Teil einer größeren Untersuchung, die der Frage nachgeht: Was stellen die Geräte, die wir herstellen, mit uns an? Sind wir der Geister mächtig, die wir riefen?

Technik ist nie unschuldig – zu diesem Schluss kommt Günther Anders. Die Maschinen verändern uns, ohne dass wir es bemerken. Sie wecken Bedürfnisse, und sie schaffen neue Selbstverständlichkeiten. Und so ist auch die Hintergrundmusik mehr als nur Musik, die im Hintergrund läuft. Sie verändert den öffentlichen Raum. Die Musikberieselung sei so erfolgreich, weil sie es den Menschen ermögliche, »ihre heimische Beschäftigung, nämlich ihr Grammophon- und Rundfunkhören, an einem öffentlichen Orte fortzusetzen; weil sie sich mit Hilfe der ›juke boxes‹ in publico so benehmen konnten wie zuhause«. So wie die Medien die Außenwelt ins Haus holen, transportiere die Hintergrundmusik die ›Zuhause-Mentalität‹ in die Außenwelt. In der beschallten Öffentlichkeit bewegt man sich anders, denn die vertraute Musik lässt einen Hauch guter Stube durchs fensterlose Einkaufszentrum wehen – man fühlt sich in Räumen zu Hause, die man noch nie betreten hat. Einen Raum dagegen, der seine Fremdheit durch Stille offenbart, will niemand als Erster betreten, deshalb kann es leicht passieren, dass ein Friseursalon ohne Hintergrundmusik leer bleibt. Öffentlichkeit ist anstrengend. Man darf nicht in der Nase bohren, und man darf sich nicht in die nächste Ecke lümmeln wie zu Hause. Die Musik verspricht Schutz vor der Anstrengung permanenter Selbstkontrolle, daraus bezieht sie ihre Anziehungskraft.

›Verbiederung‹ nennt Günther Anders diese Privatisierung des öffentlichen Raums. Der Preis für die Verbiederung der Umwelt besteht im Verlust echter Öffentlichkeit. Der Kulturkritiker Karl-Heinz Bohrer sieht die Folgen etwa in den Fußgängerzonen deutscher Kleinstädte, wo Jugendliche untätig herumhängen, wo fettleibige Bürger sich mit Pommes frites vollstopfen und Rentner im Trainingsanzug auf Schnäppchenjagd gehen. Wenn alle sich gehenlassen, als befänden sie sich in den eigenen vier Wänden, lösen sich die Hierarchien und die gesellschaftlichen Formen auf – und der öffentliche Raum verkommt. Es ist kein Zufall, dass diese Kritik von einem konservativen Denker stammt. Ein wahrhaft öffentlicher Raum nämlich ist nicht gemütlich, sondern er dient der Repräsentation. Den Einzelnen hält er auf Distanz, ja er fordert Respekt – eine Erfahrung, die in einer Demokratie Unbehagen bereitet. Die Monarchie nutzte den öffentlichen Raum für ihre Prachtentfaltung, und Diktaturen verwandeln ihn in eine Bühne für ihre Autorität. Wenn ein Regime seine Macht durch Aufmärsche und Umzüge demonstriert, wird der öffentliche Raum jeweils auch akustisch besetzt – eine Militärparade ohne Musik wäre lächerlich. Erst die Beschallung zwingt das Volk, auch innerlich anwesend zu sein und sich der Macht mit seinen Ohren zu beugen, ihr also zu gehorchen.

Bezeichnenderweise sind offiziöse Formen der Musik aus den westlichen Gesellschaften fast vollständig verschwunden. Im Sport wird die Nationalhymne zwar noch gesungen, doch in der Schweiz sind alle Versuche gescheitert, eine neue Nationalhymne zu komponieren. Auch der sakrale Charakter der Kathedralen ist nicht mehr zeitgemäß. Wir wollen nicht in Ehrfurcht erstarren, sondern uns in der Kirche zu Hause fühlen, und deshalb soll der sakrale Raum gemütlich werden. Um die Gläubigen abzuholen, wo sie sind (so der Jargon der ›niederschwelligen‹ Angebote), nimmt man die Verbiederung des Gottesdiensts in Kauf, der sich bisweilen der Fernsehunterhaltung annähert. Die traditionelle Kirchenmusik dagegen wird zunehmend an den Rand gedrängt, denn eine katholische Messe oder eine Passion von Bach befriedigt keine Kuschelbedürfnisse. Selbst der Konzertsaal ist als öffentlicher Raum nicht mehr unangefochten. Hier dringt das Private in Form von Handymelodien ein. Keine Macht der Welt, so scheint es, kann die Klingeltöne aus dem Sinfoniekonzert verbannen, auch darin zeigt sich die Macht der Geräte über ihre Benutzer. Das klingelnde Handy löst nicht nur den Einzelnen aus dem Publikum und stört die Konzentration. Indem es an das Alltägliche erinnert, trivialisiert es die Kunst. Der Anruf im Konzert erhebt die Behauptung, dass es Wichtigeres gebe als die Sinfonie, der wir zuhören.

Die Hintergrundmusik verändert nicht nur den öffentlichen Raum – sie verändert auch die Bedeutung von Musik. Als Musiker noch für Zuhörer spielten, drückte die Musik Freude aus oder Trauer; sie spielte zum Tanz auf, wiegte ein Kind in den Schlaf, lobte Gott oder rief die Krieger zum Kampf. Doch der weitaus größte Teil der Musik, die in der westlichen Konsumgesellschaft ertönt, hat keine Bedeutung. Sie kommt von niemandem, und sie richtet sich an niemanden. Herbert Grönemeyer kann den Krebstod seiner Frau besingen, eine Frauenstimme ihre Ekstase ins Mikrofon stöhnen – weder vom einen noch vom anderen lässt man sich beim Schuhekaufen stören. Weil alle in Hörweite sie hören, verbindet die Musik die Menschen miteinander, doch bei uns stiftet sie keine Gemeinschaft mehr. Im Gegenteil: Durch die Schizophonie der Walkmans und iPods wird sie zu einer Wand aus Schall, hinter der sich die Menschen verkriechen. Zwischen Kopfhörern ist der Mensch in aller Öffentlichkeit bei sich allein zu Hause. In der S-Bahn ist jeder sein eigener Autist, abgekapselt in seiner Privatmusik, ganz auf sich selbst bezogen, den Blick ins Nichts gerichtet. Man ist da, und doch nicht da.

»Wir hätten den Lärm nicht, wenn wir ihn nicht heimlich wollten«, schrieb Carl Gustav Jung 1957 an Karl Oftinger, den Gründer der *Schweizer Liga gegen den Lärm*. Mit Lärm meinte Jung durchaus auch Hintergrundmusik; er beobachtete Konzentrationsprobleme bei Kindern, die ihre Hausaufgaben bei laufendem Radio machten. »Der Lärm gibt ein Sicherheitsgefühl wie die Volksmenge. Der Lärm schützt uns vor peinlichem Nachdenken, er zerstreut ängstliche Träume, er versichert uns, dass wir ja alle zusammen seien und ein solches Getöse veranlassen, dass niemand es wagt, uns anzugreifen.«

Jung konnte nicht ahnen, wie allgegenwärtig das beruhigende Getöse fünfzig Jahre später sein würde. Wir haben uns eine Umgebung geschaffen, in der die Musik nie versiegt. Die Hintergrundmusik vertreibt alles, was man nicht hören möchte, und gleichzeitig versetzt sie uns in einen sanften Rausch. Man fühlt sich wie im Film, denn nur aus dem Kino kennen wir dieses eigenartige Phänomen, das früheren Menschen völlig fremd war und nach dem wir süchtig sind: das Leben mit Soundtrack. Die Berieselungsmusik ist eine subtile Lärmdroge. Kopfhörerträger sind keine Quartalssäufer, die den Lärmexzess suchen, sondern Gewohnheitstrinker, die ihre Sucht erst spüren, wenn der Entzug einsetzt. Wie alle Drogen hält einem auch die permanente Hintergrundmusik die Wirklichkeit vom Leib. Man geht durch die Straßen, eingehüllt in eine Musik, die niemand anders wahrnimmt – diese schizophone Situation erinnert nun tatsächlich an das Stimmenhören der Schizophrenie.

Wir können uns der Wirkung der Filmmusik gerade deshalb nicht entziehen, weil wir sie nicht bewusst wahrnehmen. Der Soundtrack dirigiert die Gefühle, sei es im Kino, im Kaufhaus oder zwischen Kopfhörern. Meist werden wir nicht gefragt, ob wir die Musik hören wollen. Günther Anders spricht von einer »akustischen Freiheitsberaubung« durch Hintergrundmusik. Die Dimension des Akustischen sei von vornherein eine Dimension der Unfreiheit, und zwar aus dem einfachen Grund, »dass Ohrlider uns missgönnt sind«. Hintergrundmusik hindere die Menschen daran, »jemals sie selbst zu werden«. Sie zielt auf die Identität, und gerade ihre Unauffälligkeit macht sie laut Günther Anders »zu einem der Hauptinstrumente des Konformismus«. Das Ohr ist nicht nur ein Hör-, sondern auch ein Gehorsamsorgan. Der Welt, die wir hören, gehören wir auch an – wir müssen »ihr gehorsam oder gar hörig werden«.

Für Hintergrundmusik gelten strenge Regeln, denn was uns konform machen soll, muss selbst normiert sein. Immer ist es ein Viervierteltakt; er darf nicht zu schnell und nicht zu langsam sein, und für den Sound gilt: je eigenschaftsloser, desto besser. Damit sich möglichst viele Menschen in einem beschallten Raum zu Hause fühlen, muss die Musik das reproduzieren, was die meisten auch in ihrem Wohnzimmer gerne hören – womit der Bereich der Popmusik, die überhaupt für Hintergrundmusik in Frage kommt, stark eingeschränkt wird. Bei *Muzak* bestimmt die Marktforschung, was aus den Lautsprechern quillt: *Classic* für Viersternehotels, *Middle of the Road* und *Easy Listening* für das durchschnittliche Warenhauspublikum, *Brit Pop* für die Teenie-Abteilung. Wir gehen alle im gleichen Takt einkaufen oder essen. Wir plaudern im Café oder überfliegen die Zeitung, ohne den Rhythmus wirklich wahrzunehmen, der unser Lebensgefühl mit dem Mainstream vereint. Popmusik ist längst keine Jugend- oder Protestkultur mehr, sondern der größte gemeinsame Nenner des Musikgeschmacks aller Generationen. Der unauffällige Mainstream des hintergrundmusiktauglichen Pop ist so universell akzeptiert, dass man niemanden damit ärgern kann – auch weil niemand mehr hinhört. »Music which is heard, not listened to«, so definiert *Muzak* die Musik, welche die Konsumenten bei Stimmung halten soll.

Wenn man der Musik nicht zuhören soll, darf sie das Bewusstsein nicht durch Information, Bedeutung oder Unerwartetes wecken. Hintergrundmusik bleibt in einem engen Tonumfang, es gibt keine großen Lautstärke-Unterschiede, und Gesang wird vermieden, denn die menschliche Stimme geht zu Herzen. Dass sich Sinfonien und Arien nicht als Hintergrundmusik eignen, zeigt sich daran, dass man damit die Penner und Junkies von den Bahnhöfen vertreiben kann. In Hamburg werden bestimmte Bahnhöfe seit einigen Jahren mit Klassik beschallt, doch die Annahme, die Penner würden deshalb das Weite suchen, weil sie klassische Musik nicht mögen, ist ein Irrtum. Denn auch Bildungsbürger würden Mozart als Hintergrundmusik nicht aushalten. »Eigentlich mag ich Klassik, aber den ganzen Tag lang nervt es«, sagt die Betreiberin eines Coffeeshops auf einem Berliner U-Bahnhof, wo neuerdings ebenfalls Versuche mit Klassik-Beschallung laufen. Die Musik von Mozart und Beethoven eignet sich nicht als Hintergrundmusik, denn sie lässt uns beim Hören nicht kalt. Sie drängt sich ins Bewusstsein, weil in ihr etwas geschieht, weil sie etwas von uns fordert – weil sie uns zum Zuhören zwingt.

Im Foyer der europäischen Firmenzentrale von *Muzak* steht eine Statue von Erik Satie. Würde sich Satie im Grab drehen, oder hätte er seinen Spaß daran? Erik Satie hat in einem Essay 1918 den Begriff ›Musique d'ameublement‹ geprägt – eine Erfindung, die der technischen Entwicklung vorgriff, denn der Hörfunk ging erst einige Jahre später auf Sendung. Mit der Möbelmusik wollte Satie die damals üblichen Walzer und Opernfantasien ersetzen, die seiner Meinung nach bei Abendgesellschaften nichts zu suchen hätten. Der Maler Fernand Léger berichtet von einem Abend in einem Restaurant mit unerträglich lauter Begleitmusik, wo er mit Satie diniert hatte. Man müsse trotzdem versuchen, eine ›Musique d'ameublement‹ zu realisieren, habe Satie danach gesagt, und zwar solle die Musik mit den Umgebungsgeräuschen verschmelzen. »Ich stelle mir sie melodiös vor, sie soll den Lärm der Messer und Gabeln mildern, ohne ihn zu übertönen, ohne sich aufzudrängen. Sie soll das oft so lastende Schweigen zwischen den Gästen möblieren. Sie wird ihnen die üblichen Banalitäten ersparen. Gleichzeitig neutralisiert sie etwas die Straßengeräusche, die ungeniert in das Spiel der Konversation hereinkommen.« Satie war davon überzeugt, dass es ein Bedürfnis nach einer solchen Musik gebe. Die ›Musique d'ameublement‹ – von Satie auch als ›sons industriels‹ bezeichnet – erzeuge Schwingungen. Darüber hinaus habe sie kein Ziel. »Sie erfüllt die gleiche Rolle wie das Licht, die Wärme und der Komfort in jeder Form«, schreibt Satie über die geplante kulturelle Dienstleistung. Seinen Essay lässt er mit absurd anmutenden Werbesprüchen ausklingen.

Verlangen Sie die *Musique d'ameublement*.

*

Keine Zusammenkünfte, Versammlungen etc.
ohne *Musique d'ameublement*.

*

Musique d'ameublement für Notare,
Banken etc.

*

Die *Musique d'ameublement* hat keinen
Vornamen.

*

Keine Hochzeit ohne *Musique d'ameublement*.

*

Betreten Sie kein Haus, das nicht die *Musique
d'ameublement* verwendet.

*

Wer die *Musique d'ameublement* nicht gehört hat,
weiß nicht, was Glück bedeutet.

*

Schlafen Sie nicht ein, ohne ein Stück der *Musique
d'ameublement* angehört zu haben, oder Sie
werden schlecht schlafen.

Bei Satie weiß man nie: Gilt die Ironie, oder gilt die Plausibilität der Argumentation? Handelt es sich um ein Spiel mit den Konventionen der Gesellschaft oder um eine visionäre Idee? Soll das kleinere Übel der industriell gefertigten Klänge das größere Übel der penetranten Unterhaltungskunst vertreiben? Satie ist ein Virtuose in der affirmativen Kritik. Listig unterwandert er, was er kritisiert, indem er in dessen Rolle schlüpft. Er forderte nicht nur eine ›Musique d'ameublement‹, sondern er komponierte auch selbst Stücke dafür. Die erste Aufführung scheiterte allerdings insofern, als das Publikum (sehr zu Saties Ärger) der Aufforderung nicht nachkam, im Raum umherzugehen, zu plaudern und Wein zu trinken. Es blieb stumm auf seinen Stühlen sitzen – und hörte zu.

Dies liegt daran, dass sich Saties Musik nicht als Klangtapete eignet, wenn auch bisweilen in Künstlercafés oder Galerien Saties *Gymnopédies* aus dem Lautsprecher ertönen, als enigmatische Hintergrundmusik mit intellektuellem Anstrich. Unter den Stücken, die Satie selbst als ›Musique d'ameublement‹ bezeichnet hat, findet sich auch sein Oratorium *Socrate*. Doch wer zu dieser Musik Schuhe kaufen wollte, müsste taub sein. Eine eindringliche Monotonie setzt das Zeitgefühl außer Kraft, und man kann gar nicht anders, als dem gesungenen Text von Platon zu folgen, der das Sterben des Sokrates beschreibt. Wenn Künstlerträume wahr werden, verwandeln sie sich oft in Albträume – möglicherweise trifft dies auch auf Saties Traum von der ›Musique d'ameublement‹ zu. Denn obwohl man dazu keine Konversation betreiben kann, entspricht die Musik von *Socrate* auf rätselhafte Weise genau den Bedingungen, die Satie für die ›Musique d'ameublement‹ skizziert hat und die mit der konventionellen Hintergrundmusik durchaus nicht unvereinbar sind. Es ist eine Musik, die nichts mitteilt und nichts ausdrückt, die sich dem Zuhörer nicht aufdrängt, sondern die einfach nur da ist, wie ein Gegenstand, der zufällig im Raum steht.

Niemand vermag zu sagen, ob Satie über die heutige Omnipräsenz der Hintergrundmusik entsetzt wäre oder begeistert – mit dem Begriff der ›Möbelmusik‹ jedenfalls hat er eine treffende Metapher geschaffen. Wie das Wort Klangteppich bestätigt, ist die Verbiederung des öffentlichen Raums durchaus eine Form der mentalen Möblierung. Musik kann Atmosphäre schaffen wie Vorhänge und Tapeten, wie das Häkeldeckchen auf dem Couchtisch oder die Rüschen am Bettüberwurf. Andere Metaphern vergleichen die Hintergrundmusik mit Wassergeräuschen – schon der Lärmdiskurs zu Anfang des 20. Jahrhunderts hatte sich ja des Wassers als Vergleichsgröße für den Schall bedient. Aus den Lautsprechern braust allerdings keine Meeresbrandung, es tröpfelt und plätschert nur. Günther Anders verdanken wir das Bild vom Kulturwasserhahn und den Vergleich mit der akustischen Mutterbrust, an der die infantilisierten Hörer nuckeln. Der Begriff Berieselung schließlich stammt aus der Gartensprache und bezeichnet die sanfte, gleichmäßige Bewässerung von Pflanzen. Pflanzen haben kein Bewusstsein, und eine pflanzenhafte Passivität entspricht in der Tat diesem Hören, das kein Zuhören ist.

Wir können uns nicht über Dinge unterhalten, die uns nicht bewusst sind, daher ist es nicht verwunderlich, dass die Hintergrundmusik kein Gesprächs- oder gar Debattenthema ist. Schon Günther Anders war aufgefallen, dass sich die Gäste im Drugstore nicht über die Musik aus der Jukebox unterhielten. Es wunderte ihn, »weil zum Wesen akustischer Phänomene eigentlich ja die Gemeinsamkeit gehört: dass sie also im Umkreis hörbar sind, auch von den anderen rezipiert werden«. Gegen den Fluglärm wird demonstriert, und im Prenzlauer Berg wehrt sich eine Bürgerinitiative gegen die frühmorgendliche Lärmbelastung durch den Markt am Kollwitzplatz – doch niemand rebelliert gegen die Hintergrundmusik. Dabei fühlt sich laut Umfragen jeder Dritte von Hintergrundmusik gestört und empfindet sie daher als Lärm. Privat reden sich die Berieselungsgegner in Rage, doch in der Öffentlichkeit hört man nichts von ihnen.

Es sind nur ein paar versprengte Intellektuelle, die sich hie und da zu Wort melden. »Ihr sollt keinen Walkman in Bahnen und Zügen benutzen, denn siehe: Der Walkman ist ein Blendwerk des Satans, zu verwirren die Sinne des Menschen, auf dass er glaube, er könne seinen Kopf mit Musik vollknallen, ohne dass sein Nächster davon höre. Ich aber sage euch: Und ob der was mithört!«, wettert Robert Gernhardt in seinem Text *Du sollst nicht lärmen. Ein Gebot, das Gott vergessen hatte*. Hans Magnus Enzensberger empörte sich 1997 im *Spiegel* in einem Essay mit dem Titel *Ein musikalisches Opfer* darüber, dass die ›Musikopfer‹ nicht bedauert, sondern nur verhöhnt würden. »Jeder Moslem, der sich weigert, Schweinefleisch zu essen, kann auf inniges Verständnis rechnen. Nur der Schallallergiker sieht sich einem brutalen Kesseltreiben ausgesetzt. Die Vorkehrungen, die er treffen muss, um sich dem allgegenwärtigen Musikantenstadl aus Heavy Metal, Vivaldi, Techno, Blaskapelle und Tic Tac Toe zu entziehen, kommen einer Behinderung gleich.« Nur die Einsicht, dass dies den Lärmpegel weiter erhöhen würde, halte den besonnenen Zeitgenossen davon ab, »mit der Kalaschnikow auf jeden erkennbaren Lautsprecher zu schießen«.

Die Berieselung ist eine öffentliche Privatsache, in die man sich auch dann nicht einzumischen hat, wenn man in Mitleidenschaft gezogen wird. Es braucht Mut, den Sitznachbarn in der S-Bahn auf die Geräusche aufmerksam zu machen, die seinen Kopfhörern entströmen, und je selbstverständlicher die Kopfhörer werden, desto mehr Mut erfordert es. Man ist gezwungen, ohne zu klopfen in ein akustisches Privatzimmer einzudringen, und seltsamerweise ist die Peinlichkeit nicht auf Seiten des Störers, sondern auf Seiten desjenigen, der im Zug beim Lesen und Denken gestört wird. Auch im Restaurant gibt es kein Recht auf Ruhe – mit der Bitte um leisere Musik erntet man bestenfalls eine Geste zwischen Achselzucken und Kopfschütteln. Sogar Arztpraxen rüsten akustisch auf und lassen im Wartezimmer Videofilme mit Gesundheitstipps laufen. »Die Lautstärke ist vom Hersteller fixiert«, sagt die Arzthelferin.

Innerhalb von wenigen Jahrzehnten ist die Hintergrundmusik zu einer Normalität unseres Alltags geworden. Es gibt sie so, wie es Jahreszeiten gibt, und es ist, als hätten wir kein Bewusstsein mehr dafür, dass die Beschallung zum menschengemachten Teil unserer Umgebung gehört. Indem man jedoch künstliche Umstände für natürlich erklärt, verleiht man ihnen ewige Gültigkeit, und dies ist reaktionär. Es sorgt dafür, dass wir gar nicht mehr auf die Idee kommen, die Wirklichkeit zu verändern, ja sie auch nur zu hinterfragen. Die Hirnforschung, die sonst jede Regung des Menschen auf hirnorganische Ursachen und Folgen untersucht, interessiert sich nicht für die Hintergrundmusik. Wie verändert sich die Konzentrationsfähigkeit, wenn das Gehirn ständig mit Hintergrundmusik versorgt wird? Wie beeinflusst die Musik unsere Stimmung, unsere Energie? Und was geschieht im Gehirn, wenn die Musik aufhört? Niemand stellt diese Fragen, denn wenn man die Hintergrundmusik in Frage stellt, gerät man rasch in eine Zone der Peinlichkeit. »Stört es Sie nicht auch?«, fragt eine Frau die anderen Patienten, die im Wartezimmer neben dem laufenden Videogerät sitzen, doch die Wartenden starren nur noch krampfhafter in ihre Zeitung. Mit dieser Frage wollen sie nichts zu tun haben. Wer sich der herrschenden akustischen Normalität nicht anpasst, wird behandelt, als würde er nicht mit Messer und Gabel essen. Und in diesem Fall ziehen wir es vor, die akustische Freiheitsberaubung schweigend zu ertragen.

In welchem akustischen Raum wollen wir leben?

IM GEGENSATZ ZU DEN NICHTRAUCHERN haben die Beschallungsgegner keine Lobby. Selbst im Internet hat sich bisher keine schlagkräftige Community gefunden – Websites wie *www.pipedown.de* oder *www.dudelstopp.de* entwickeln wenig Anziehungskraft und Wirkung. Umso bemerkenswerter ist die Initiative *Hörstadt* in Linz. Im Rahmen der Europäischen Kulturhauptstadt 2009 wurde die Welt des Hörens mit einer Vielzahl von Projekten ins öffentliche Bewusstsein gerückt. Der Kampf gegen die Zwangsbeschallung im Rahmen der Aktion *Beschallungsfrei* ist dabei nur ein Nebenthema, wenn auch ein medienwirksames. Peter Androsch, der Leiter von *Hörstadt,* betont im Gespräch, dass es keineswegs um eine Verteufelung der Hintergrundmusik gehe. Das Scheitern jener Aktionen, die sich mit bildungsbürgerlichen Argumenten gegen die Hintergrundmusik wenden, zeige deutlich, dass man mit Moralisieren nichts erreiche. »Die Website von *Pipedown* hatte früher als Signet einen durchgestrichenen Lautsprecher, und das Ganze auch noch rot! Doch niemand lässt sich gern ausrichten, dass er ein bisschen blöd sei.« Peter Androsch lehnt Hintergrundmusik nicht grundsätzlich ab – eine Hotelbar ohne Musik etwa fände er absurd, und manchmal könne Hintergrundmusik Ängste nehmen, wie in den 1920er-Jahren, als die Menschen sich ohne Musik nicht in die Aufzüge der Wolkenkratzer getraut hätten. »Aber ich hätte gern die Wahl.«

Das Projekt *Beschallungsfrei* setzt nicht auf Verbote, sondern auf einen positiven Anreiz. Restaurants und Geschäfte, die auf Hintergrundmusik verzichten, werden mit einer Plakette als beschallungsfrei ausgezeichnet. »Damit signalisieren wir, dass diese Räume kostbar sind und dass es schön wäre, wenn sie auch in Zukunft beschallungsfrei bleiben würden.« Und es funktioniert: Über 2000 Orte schmücken sich in ganz Österreich bereits mit dem Etikett ›beschallungsfrei‹, darunter öffentliche Institutionen wie das österreichische Parlament sowie große Unternehmen. Vor einem Jahr hat beispielsweise die Supermarktkette *Spar* im Großraum Linz die Lautsprecher abgestellt, übrigens ohne dass dies auf das Kundenverhalten oder den Umsatz einen Einfluss hat.

Das wichtigste Argument, das gegen die Zwangsbeschallung ins Feld geführt wird, ist nicht der gute Geschmack, sondern eine politische Forderung. Die Zwangsbeschallung verstößt nämlich gegen das Diskriminierungsverbot der EU, indem sie alle hörbehinderten Menschen von der Kommunikation ausschließt. Offiziell ist in Europa jeder fünfte Mensch hörbehindert, nach inoffiziellen Schätzungen ist gar ein Viertel bis ein Drittel der Bevölkerung davon betroffen, das sind bis zu 150 Millionen Menschen. Schon bei einer geringen Hörbehinderung beeinträchtigt Hintergrundmusik die Sprachverständlichkeit massiv. »Es ist eine Demütigung, wenn man nicht am Gespräch teilnehmen kann, deshalb hat die Diskriminierung durch Hintergrundmusik gravierende seelische Folgen«, so Androsch. »Der Ausschluss aus der Kommunikation verunsichert die Betroffenen. Das kann bis zum Verfolgungswahn gehen. Hörbehinderte Menschen glauben oft, dass über sie gesprochen werde.« Mit dieser politischen Argumentation verlässt die Debatte die Zone der Peinlichkeit, in die man als Lärmbekämpfer rasch gerät. Überdies bringt der Diskriminierungsvorwurf eine gewisse Objektivität in die Diskussion. Während es schwer zu beweisen ist, dass jemand sich gestört fühlt von Hintergrundmusik, geht es nun um die juristisch nachprüfbare Verletzung von Rechten. Und damit haben die Beschallungsgegner die Nichtraucher eingeholt: Passivhörer verdienen den gleichen Schutz wie Passivraucher.

Doch *Hörstadt* verfolgt viel grundsätzlichere Ziele als nur die Schaffung von beschallungsfreien Räumen. Der akustische Raum sei eine rechtsfreie Zone, in der das Recht des Lautstärkeren gelte. »Der akustische Raum ist Gemeingut. Er gehört allen.« So heißt es in der *Linzer Charta,* die den Raum des Hörens zu einem Kernbereich der Politik erklärt. Das Recht auf akustische Selbstbestimmung und die Entwicklung eines akustischen Verantwortungsgefühls sollen einen demokratischen Umgang mit der Welt des Hörbaren ermöglichen. Das Wort ›gegen‹ sucht man in der *Linzer Charta* vergeblich, denn die Initiatoren wollen weg von der Fixierung auf den Lärm. »Wir ersetzen die Frage: Was wollen wir nicht? durch die Frage: In welchem akustischen Raum wollen wir leben?« Die *Linzer Charta,* die bisher von den Städten Linz und Erlangen beschlossen wurde, fordert die Einbeziehung der Akustik in die Stadtplanung und in alle Bautätigkeiten.

Denn unsere Welt ist auch deshalb so laut, weil die Architektur im 20. Jahrhundert taub geworden ist. »Warum bauen wir immer noch Schulzimmer mit parallelen Wänden und Glasfronten – und wundern uns dann, wenn die Lehrer der Berufsstand mit den höchsten Erkrankungsraten an Tinnitus und Hörsturz sind?«, fragt Peter Androsch. Bevor es den Lautsprecher gab, war es die Aufgabe der Architektur, dafür zu sorgen, dass ein einzelner Mensch von vielen Menschen verstanden wurde. Und doch wäre es zu kurz gedacht, wenn man nur den technischen Fortschritt für den Verlust des akustischen Wissens im Bauwesen verantwortlich machen wollte. Wenn ein Raum akustisch nicht durchdacht ist, helfen Mikrofone oft auch nicht weiter – sie verstärken beispielsweise den Nachhall.

Die Raumakustik soll im Nachhinein retten, was oft nicht zu retten ist. Bei einem akustisch optimierten Bauen dagegen steht die Akustik am Anfang der Planung – dies gilt sowohl für den Bau einzelner Gebäude als auch für die Stadtplanung. Gegenwärtig wird immer noch auf Lärmschutz gesetzt. Für Milliarden von Euro stehen in Europa Lärmschutzwände, die eher den Lärm schützen als die Menschen, die sich hinter Lärmschutzfenstern verbarrikadieren müssen. Eine billigere und menschlichere Alternative bestünde darin, den Lärm nicht auszusperren, sondern dafür zu sorgen, dass er gar nicht entsteht.

Das ist leichter gesagt als getan. Vor allem bräuchte es einen entschiedenen politischen Willen, um die Welt so leise zu machen, wie es heute möglich wäre. Wie weit die Verminderung des Verkehrslärms theoretisch gehen könnte, zeigt das Projekt *Ganze Stadt, halber Lärm*, das in Linz von Raumakustikern, Verkehrs- und Stadtplanern und Medizinern gemeinsam erarbeitet und im Herbst 2009 der Öffentlichkeit vorgestellt wurde. Schall verhält sich nicht linear; um eine Lärmreduktion von 50 Prozent zu erreichen, muss der Verkehr daher um 80 Prozent verringert werden. Der Studie zufolge ist dies keine Utopie, sondern eine kühne Vision, die auf einer radikalen Umstellung des Individualverkehrs beruht. Das Modell sieht vor, dass es in der Innenstadt keine Privatautos mehr gibt. Auf Parkplätzen am Rand der Innenstadt steigt man auf Elektroautos um, die niemandem gehören, sondern von allen benutzt werden. Statt sein Auto stundenlang auf einem Parkplatz in der Innenstadt stehen zu lassen, überlässt man das Elektroauto am Zielort gleich dem nächsten Fahrer und schnappt sich für die Weiterfahrt später seinerseits eins, das gerade frei ist. In der ganzen Innenstadt gilt überdies eine Geschwindigkeitsbegrenzung von 30 Kilometern pro Stunde, was gar nicht so langsam ist, wie es den Anschein hat. Denn da es bei diesem Tempo weniger Staus gibt, macht die höhere Fließgeschwindigkeit den Schnelligkeitsverlust wieder wett.

Dieses System des kollektiven Individualverkehrs würde für leisere Autos sorgen, die im Idealfall nie herumstehen, sondern ständig genutzt werden. Der Raum, der bisher von Parkplätzen besetzt ist, stünde dann für ein dichteres Angebot an öffentlichem Verkehr und für Fahrradwege zur Verfügung, was den Lärm zusätzlich verringert.

Der Lärm im Kopf

Wird die moderne Welt tatsächlich leiser, wenn wir den Verkehrslärm halbieren? Wir haben in den letzten Jahrzehnten einen technischen Fortschritt erlebt, der unser Leben mit einer neuen Form von Lärm erfüllt. Es ist ein Lärm, den man nicht hört und der doch die gleiche Wirkung hat wie der Lärm der Schallwellen. Er raubt uns die Konzentration, den Schlaf, die Seelenruhe. Der neue Lärm tobt in unserem Kopf. Tausende von Stimmen, Meinungen, Informationen, Neuigkeiten kämpfen um unsere Aufmerksamkeit. »Wir sind in ständiger Alarmbereitschaft«, stellt Frank Schirrmacher in seinem Buch *Payback* fest. Mit seiner Befindlichkeitsanalyse trifft Schirrmacher einen Nerv. Er benennt ein Unbehagen, das sich in der Gesellschaft breitmacht – wenn wir auch noch weit davon entfernt sind, wirklich zu begreifen, was uns widerfährt. Die These von Günther Anders, dass es keine Technologie gibt, die ihre Nutzer nicht verändert, wird auf eine neue Weise wahr. Die neuen Medien, mit denen wir zunehmend den Kontakt zur Welt und zueinander pflegen, verändern uns, ohne dass wir genau sagen könnten wie. Sie bringen uns die Welt näher, und sie rücken sie von uns weg. Vernetzung und Entfremdung gehen Hand in Hand, denn ein immer größerer Teil unseres Austauschs mit anderen Menschen findet am Bildschirm statt, ohne dass wir jemandem leiblich begegnen. Die Elektrizität setzte einen ähnlichen Prozess in Gang wie bei der Schizophonie, nur sind es diesmal nicht die Klänge, die von ihrer Quelle abgespalten werden, sondern es ist die Mitteilung, die vom Menschen losgelöst wird, der sie ausspricht. Wir kommunizieren immer körperloser, und auch der Lärm, den dieses Kommunizieren in unseren Köpfen verursacht, hat keine physische Gestalt.

Hörbar sind nur Spuren von dem, was in uns geschieht, etwa wenn das Handy uns piepsend eine SMS ankündigt oder der Computer mit einem sonoren Doing eine E-Mail empfängt. Der lautlose Lärm entsteht, wenn wir beim Telefonieren E-Mails lesen und beim E-Mail-Checken kurz auf *Spiegel online* klicken, zwischendurch eine SMS tippen, uns von einem unbekannten Begriff zu Wikipedia verführen lassen, wo dann eins das andere gibt – ewig lockt das Internet, wo wir suchen und suchen, ohne zu wissen, was wir suchen. Im Internet gibt es keine Hierarchie. Das ist sein Reiz, doch gleichzeitig ist es eine Last. Ständig muss man entscheiden, ob man eine Neuigkeit für wichtig halten soll oder nicht. Man sucht die Sensation, und wenn einem auf *Spiegel online* eine gelbe ›Eilmeldung‹ entgegenleuchtet, greift man gierig danach, nur um hinterher festzustellen, dass es ein Fehlalarm war. Es ist, als säßen wir an der Autobahn: In unserem Kopf hören wir ein ständiges Rauschen von Informationen, die alle gleich laut sind. Anders als bei der Briefpost sieht man einer E-Mail nicht an, ob es sich um Werbung, eine Rechnung, einen Konzerthinweis oder – wie selten, wie schön! – einen persönlichen Brief handelt. Die Zeitung setzt unterschiedlich fette Schlagzeilen und verschiedene Bünde ein, um die Aufmerksamkeit ihrer Leser zu lenken, doch in der Unübersichtlichkeit des Internets sind wir auf uns selbst gestellt. Alles könnte wichtig sein, überall gibt es etwas zu entdecken, eine Neuigkeit zu erhaschen.

Die ständige Alarmbereitschaft jedoch ist nur die Kehrseite unserer Angst, etwas zu verpassen. Es gibt nirgends mehr Ruhe, denn der Strom von Neuigkeiten und Mitteilungen reißt nicht mehr ab. Niemand kann länger als 24 Stunden am Tag telefonieren, doch der E-Mail-Verkehr hebt diese Begrenzung der menschlichen Zeit auf. Der Computer kann in 24 Stunden mehr E-Mails empfangen, als selbst der effizienteste Mensch in 24 Stunden zu bewältigen vermag. »Wieso haben die Dinge kein Ende mehr, weder Texte noch Informationen, aber auch nicht der Tag und das Jahr?«, fragt Schirrmacher. Es gibt kein Entkommen. Wer es schafft, seine Ferien tatsächlich offline zu verbringen, wird bei der Heimkehr von den aufgestauten E-Mails erdrückt. In der Wirtschaft ist schon lange nicht mehr klar, ob der E-Mail-Verkehr ein Segen oder ein Fluch sei. Denn Maschinen, die den Menschen mit Informationen füttern, sind auch selbst gefräßig: Wer seine E-Mails pflichtbewusst verwaltet, kommt kaum mehr zum Arbeiten.

Allmählich merken wir, dass wir so nicht leben wollen – doch gegen den Lärm, den man nicht hört, gibt es keinen Lärmschutz. Niemand kann uns davor bewahren, nur wir selbst. An Ratschlägen fehlt es nicht, und sie sind uns inzwischen so vertraut wie Diättipps. Nur einmal täglich E-Mail abrufen. Bei der Arbeit am Computer offline gehen. Einen E-Mail-freien Tag pro Woche einschalten. Am Wochenende vom Computer freinehmen. Doch für Stille in unserem Kopf zu sorgen, fällt uns so schwer wie das Abnehmen.

Solange die Maschinen angeschaltet sind, befinden wir uns in ihrer Gewalt. Weil Maschinen Ruhe weder kennen noch brauchen, muss man sie abschalten, wenn man Ruhe haben will, doch genau daran scheitern wir. Wir sind Komplizen in unserem Verhängnis, denn wir wollen selbst stets auf Empfang bleiben. Wir gönnen unserer Aufmerksamkeit keine Ruhezeiten, und wir wissen uns damit in bester Gesellschaft: Die minutenschnelle E-Mail-Antwort der Redakteurin kurz vor Mitternacht zeigt es, »von meinem iPhone gesendet«. Niemand hat es beschlossen, und niemand hat dafür gestimmt, doch wenn alle mitmachen, müssen alle mitmachen. Auf einmal gehört es sich, dass eine E-Mail in 24 Stunden beantwortet wird.

Wie laut es im Kopf ist, merkt man erst, wenn einem die Empfangspause gelingt. Ein paar Tage Arbeitsurlaub auf dem Land zum Schreiben, ohne WLAN. Es ist, als hätte sich ein Fenster geöffnet. Weite, Luft, Helligkeit strömt in den Kopf, und eine längst vergessene Klarheit macht sich breit. Der ganze Gerümpel und die Enge, in der sich die Gedanken sonst ihren Weg bahnen mussten, hat sich in Luft aufgelöst. Man spürt die Zeit, und man kann sie nutzen. Alles geht von selbst, denn man ist bei sich. Doch die Idylle währt nicht lang. Schon am zweiten Tag nagt das Gefühl des Verpassens an unserem Gewissen – wer weiß, vielleicht wartet doch etwas ganz Wichtiges auf uns. Und weil es in der westlichen Welt keinen Ort ohne Internetcafé gibt, geht man wieder ins Netz. Das Pflichtgefühl ist vorgeschoben, in Wahrheit können wir der Versuchung nicht widerstehen. Die Strafe kommt sofort. Man klickt auf den Posteingang, und es ist, als hätte man die Tür eines Maschinenraums geöffnet. Ein ganzer Bienenschwarm von Nichtigkeiten, Nachfragen, Mitteilungen und Aufforderungen prasselt auf einen ein. Wieder nur viel Lärm um nichts, doch zum Bereuen ist es zu spät. Die Konzentration ist dahin; wir sind geistig schon wieder in den vielen verschiedenen Welten, Zusammenhängen und Funktionen unterwegs, in denen wir uns bewegen, ohne es zu merken.

Warum ist es so schwer, sich von der medialen Mutterbrust zu lösen? Weil es keinen Widersacher gibt. Wir haben es mit uns selbst zu tun. Gegen den Lärm der anderen können wir protestieren, und einen Rasenmäher kann man abstellen. Doch vor dem Computer sind wir unser eigener Lärm, und auch das Handy, das uns zur permanenten Abrufbarkeit verdammt und mit jedem Klingeln neue Türen zu lärmigen Welten öffnet, ist unser eigenes. Wir ertragen den Lärm in unserem Kopf nur deshalb, weil er eine ewige Sehnsucht stillt. Das Geschnatter der nie versiegenden E-Mails und der ständig aktualisierten Meldungen liefert uns eine Bestätigung dafür, dass wir existieren. Egal wie viele schlechte Nachrichten in einer Zeitung auch stehen – es gibt immer eine gute Nachricht, nämlich die Tatsache, dass die Zeitung auch heute wieder erschienen ist. Wir hungern nach Kontinuität, und die bekommen wir von der Technologie geliefert, so viel wir nur wollen. Die Hintergrundmusik darf nie abreißen, und im Radio ist nichts so gefürchtet wie eine Sendepause – ›dead air‹ heißt sie im englischen Jargon. Im Internet gibt es keine Sendepause, und darin liegt ein tiefer Trost. Es geht immer weiter, und wir sind dabei. Die Religion versprach das ewige Leben erst im Jenseits – wir haben es geschafft, die Metaphysik ins Internet zu verlegen. In der Endlosigkeit des Chattens, Twitterns, Bloggens finden wir daher eine schwer fassbare Geborgenheit, allerdings um den Preis einer nie dagewesenen Zerstreuung. Unsere Aufmerksamkeit wird zerfressen, bis nichts mehr da ist von unserem Selbst. Das Internet hört nie auf, und auch wir hören nie auf – weil es uns schon längst nicht mehr gibt.

Die tiefste Stille

»Ich war zehn, rannte über die Straße, voller Stolz auf meine neuen Sandalen. Da kam aus der Seitenstraße ein Auto, und ausgerechnet in diesem Moment geriet ich mit den neuen Sandalen ins Rutschen. Ich fiel auf den Po und sah die Reifen ganz nah vor mir. In diesem Moment wurde alles so still wie im Stummfilm oder in der letzten Szene des *Revisor*. Das war schrecklich, aber auch sehr spannend.«

»Ein Neujahrstag in Susdal, einer der ältesten russischen Städte, fast tausend Jahre alt. Die Landschaft war vollkommen zugeschneit. Der Schnee machte alles weiß und still. Die Kälte hemmte die Bewegung oder fror sie ein. Der Schnee wirkte wie ein Verstärker für Stille. Man war ganz auf sich selbst zurückgeworfen, alle Ablenkung war durch ein blendendes Weiß ausgelöscht. Dieses Abdämpfen und Abbremsen der Außenwelt und das intensive Sich-selbst-Spüren war beglückend und vertraut.«

»In Paris habe ich ein halbes Jahr an einer vierspurigen, stark befahrenen Straße gewohnt. Manchmal, gegen drei oder vier Uhr morgens, kam es vor, dass für ein paar Sekunden kein Auto vorbeifuhr. Das war sehr still und dauerte fast unendlich lang.«

»Stille ist der Moment, wo das Selbst sich wahrnimmt.«

»Vor Jahren spielte ich als Pianistin eine Solo-Fassung von John Cages *Winter-Music*, während Cage gleichzeitig eine Lecture halten sollte. Cage schreibt kein Tempo vor, doch in der Probe sagte er, ich spielte viel zu schnell. Ich halbierte das Tempo, doch auch das war ihm zu schnell. Ich halbierte das Tempo noch einmal, und es war ihm immer noch zu schnell. Er wolle nicht *Winter-Music* hören, sagte er, sondern die Stille zwischen den Ereignissen.«

Das verbotene Territorium der Stille

IM ANFANG WAR DAS OHR. Das Wort ›hören‹ geht auf eine etymologische Wurzel zurück, die ganz allgemein ›wahrnehmen, bemerken, auf etwas achten‹ bedeutet. Unsere Aufmerksamkeit sitzt also im Ohr, der unmittelbarsten Verbindung des Selbst mit der Außenwelt. Doch im Ohr endet auch alles, zumindest in der deutschen Sprache. Das Wort ›aufhören‹ sagt, dass etwas dann endet, wenn nichts mehr zu hören ist. Auch physiologisch beginnt und endet unsere Wahrnehmung mit dem Schall, denn das Ohr ist das Organ, das als Erstes da ist und als Letztes stirbt. Schon drei Monate vor der Geburt ist der Embryo in der Lage, Geräusche wahrzunehmen, denn das Innenohr ist, als einziges Organ, bereits in voller Größe entwickelt. Das Hören selbst geschieht in einer Abfolge passiver Vorgänge. Der Luftdruck bewegt das Trommelfell, die Ausbuchtung des Trommelfells verschiebt die Gehörknöchelchen, die Gehörknöchelchen übertragen den Luftdruck aufs ovale Fenster, das ovale Fenster gibt den Druck an die Flüssigkeit im Innenohr weiter und verstärkt ihn. Schließlich erreicht die Wellenbewegung der Gehörflüssigkeit die Haarzellen – erst hier wird der mechanische Reiz in einen Nervenimpuls umgewandelt und weitergeleitet ins Gehirn, das ihn interpretiert. Bis zu diesem Punkt, wo der Schall ins Nervensystem eintritt, kann der ganze Prozess selbst nach dem Sterben noch eine Zeit lang ablaufen. Bis zum letzten Atemzug bleiben wir hörend mit der Welt verbunden. Denn auch wenn das Bewusstsein bereits erloschen ist, nimmt das Ohr die Schallwellen noch auf.

Das Gehör macht uns verletzlich. Mit den Ohren wenden wir uns der Umwelt zu, und über das Ohr lenkt diese uns von dem ab, was in unserem Inneren geschieht. Im Gegensatz zu den Augen können wir die Ohren nicht schließen, und das ist gut so, sonst würde das Gehör als Alarmorgan nichts taugen. Unser Ohr lebt immer noch in der Wildnis; es ist, als säße ein schreckhaftes Tier in unserem Kopf. Lärm erzeugt Stress, sonst wäre es kein Lärm, und weil das Ohr nie schläft, lässt uns auch der Lärm nicht schlafen. Es gibt nur eine Möglichkeit, dem Ohr Ruhe zu verschaffen: indem man die Schallwellen daran hindert, das Trommelfell zu erreichen. Als Anfang des 20. Jahrhunderts mit dem Lärm der Maschinen auch das Bedürfnis der Menschen nach Ruhe stieg, erfand der Berliner Apotheker Maximilian Negwehr den Ohrenfrieden. Franz Kafka war Stammkunde der Marke *Ohropax*. »Was mich betrifft, Stille, Stille würde ich brauchen«, schreibt er

1922 an einen Freund. Im Postskriptum fügt er an: »Ohne Ohropax bei Tag und Nacht ginge es gar nicht.«

Unser Verhältnis zur Stille ist ambivalent. Wir sehnen uns nach ihr, und wir fürchten sie. Es gibt keine Bewegung ohne Geräusch, denn jede Bewegung erzeugt eine Luftwelle, und sei sie noch so klein. Nur was tot ist, ist still, das weiß auch die Sprache, die für die Stille Wörter hat wie ›totenstill‹ oder ›Grabesstille‹. Stille kann bleiern sein und unheilschwanger, als Ruhe vor dem Sturm, dem großen Lärm. Wenn wir nichts mehr hören, sind wir tot, doch solange die Musik noch spielt, wissen wir, dass wir leben. Unser Leben beginnt im Dauerschall, denn im Mutterleib ist es keine Sekunde lang still. Das Geräusch von Blutkreislauf, Verdauung und Umgebung soll so laut sein wie ein Staubsauger, und manche Psychologen glauben, dass wir die Hintergrundmusik deshalb so lieben, weil sie uns akustisch in den Mutterleib zurückversetzt.

»Die Stille stört richtig«, sagt der dauerbeschallte Geschäftsführer von *Muzak* in einem Interview. »Aber dann ist doch so eine peinliche Stille«, wendet der Kellner ein, als ein Gast ihn bittet, die Musik auszumachen. Die Menschen liebten den Lärm, weil er die Ängste nicht zu Wort kommen lasse, schreibt Carl Gustav Jung. »In der Stille nämlich würde die Angst den Menschen zum Nachdenken veranlassen, und es ist gar nicht abzusehen, was einem da alles zum Bewusstsein käme. (...) Das Bedürfnis nach Geräusch ist beinahe unersättlich.« Die Welt ist so laut, weil wir sie anders nicht aushalten. Jung warnt die Lärmbekämpfer der *Schweizerischen Liga gegen den Lärm* in seinem Brief sogar: »Je mehr Sie dem Lärm auf den Leib rücken, desto mehr geraten Sie auf das verbotene Territorium der Stille, die so sehr gefürchtet wird.«

Tatsächlich ist es ein Schock, wenn man sich unvermutet in der Stille wiederfindet. Im Spreewald, südlich von Berlin, ist es fast völlig still. Man hört keine Autos, weil es keine Straßen gibt. Die Häuser sind durch ein Netz von Wasserwegen miteinander verbunden, doch Motorboote sind nicht zugelassen. Langsam und lautlos gleitet der Kahn an Holzhäusern und an Weiden vorbei. Nichts rührt sich. Es ist November, und wir sind die einzigen Touristen. Die Stille hat eine ungeheure Präsenz – es ist, als könnte man sie anfassen. »Silence sometimes can be very loud«, sagt John Cage. Man möchte der Stille entkommen, und auf einmal weiß man: Würde man sie aushalten, wäre man ein anderer Mensch. Im Yoga gilt Shavasana, die ›Leichenstellung‹ während der Entspannung, als die anspruchsvollste aller Stellungen. Nichts fällt uns so schwer, wie nichts tun und nichts denken.

Weil wir die Stille nicht aushalten, erklären wir sie zu einem Mangel. Sie ist die Abwesenheit von Sprache, von Leben, von Tätigkeit. Um dem

Nichtstun zu entgehen, füllen wir unser Leben mit Aktivitäten, und tun wir doch einmal nichts, dann schauen wir fern, denn der Fernseher betäubt den Lärm in uns, ohne dass wir es dabei mit der Stille zu tun bekommen. Wir leugnen die Präsenz der Stille, um ihre Macht zu brechen. Wer sich Lärm erlauben darf, hat Macht, doch wer Stille erzeugen kann, hat mehr Macht. Ein Pianist weiß, dass er bei einem Auftritt mit dem Spielen der ersten Note warten muss, bis es im Publikum still geworden ist, sonst hat er das Konzert verloren.

Der Smalltalk verträgt keine Stille, und wenn beim Abendessen doch einmal alle gleichzeitig verstummen, traut sich niemand, den nächsten Satz zu sagen, denn Stille bündelt die Aufmerksamkeit. Was ihr folgt, muss ihrer würdig sein. Auch in der Kunst schafft Stille Bedeutung. Auf der Bühne kann ein Augenblick der Stille bedeutsamer sein als jede Rede, und in der Literatur entfalten die Sätze ihre Wirkung durch das, was ungesagt bleibt. In der Musik erfordern Pausen von den Interpreten Präsenz, Selbstdisziplin und Mut – für das Publikum wirkt eine Generalpause lauter als der Schlussakkord. Denn die Stille ist eine Voraussetzung dafür, dass überhaupt etwas erklingen kann. Sie öffnet uns die Ohren. Auf einmal hört man die Heizung, die Lüftung, die tickende Uhr, auf einmal ist die Welt ungeheuer laut. Die Stille ist autonom, denn sie entzieht sich der Herrschaft der Maschinen. Im

Gegensatz zum Klang kann man sie nicht von ihrer Quelle lösen und mit einem Rekorder aufnehmen. Eine CD mit John Cages *Tacet, 4'33"* wäre sinnlos, und ein Radio, das Stille sendet, ist nicht zu unterscheiden von einem Radio, das ausgeschaltet ist.

Stille kann man nur erleben, im Hier und Jetzt. Doch wo findet man sie? Gerade unsere Sehnsucht nach Stille macht die Welt lauter, denn wenn immer mehr Menschen aus dem Lärm der Stadt in eine ruhige Wohnlage aufs Land ziehen, wird es an immer mehr Orten laut. »Lesen macht keinen Lärm«, heißt der Werbespruch einer Tageszeitung, aber alles andere, was Menschen tun, macht Lärm. Doch nicht nur vor dem Lärm der anderen fliehen wir. Größer noch als die Sehnsucht nach der Stille von außen ist die Sehnsucht nach der Stille im Inneren. Frank Schirrmacher fragt sich, wie es im Internetzeitalter überhaupt noch möglich sei, »in seinem eigenen Kopf zu Hause zu sein«. Wir fühlen uns vom Multitasking, vom Zeitdruck, von unserer Sucht nach Informationen zerrissen, »aufgefressen«, wie Schirrmacher es nennt.

»Wenn du voll werden willst, lass dich leer sein«, sagt das *Tao Te King*. Der Buddhist Sogyal Rinpoche schreibt in *Das tibetische Buch vom Leben und vom Sterben*, das Chaos in der modernen Seele sei eine Krise der Identität. »Wir bestehen aus so vielen verschiedenen Bruchstücken, dass wir weder wissen, wer wir wirklich sind, noch mit welchem unserer Aspekte wir uns identifizieren sollen. So viele widersprüchliche Stimmen, Gebote und Gefühle kämpfen um die Vorherrschaft über unser Innenleben, dass wir in kleine Stückchen zerfallen sind, in alle Richtungen verstreut, und niemand ist daheim.« Meditation bedeute nichts anderes als »den Geist heimbringen«.

Östliche Denktraditionen haben eine große Anziehungskraft, denn da wir uns von den Stille-Ressourcen unserer eigenen Kultur entfremdet haben, erhoffen wir uns von dort den Schlüssel zur Stille. »Hast du die Geduld zu warten, bis dein Schlamm sich setzt und das Wasser klar ist?«, liest man im *Tao Te King*. Während einer Yoga-Klasse sind wir 90 Minuten lang sicher vor dem Lärm; so lange muss die Welt ohne uns auskommen, deshalb können wir zu uns finden.

Das Geschäft mit der Stille blüht. Wir sind bereit, für die Stille zu bezahlen, indem wir Retraiten in einem *Haus der Stille* buchen, an Schweigeseminaren und Meditationswochen teilnehmen oder uns für ›Tage der Achtsamkeit‹ zurückziehen. Wir machen uns auf die vielbeschworene Reise zu uns selbst, um Stille in unseren überfrachteten Alltag zu bringen – doch in unserem Bemühen liegt auch etwas Hilfloses, Künstliches. Denn es ist ein Ersatz für etwas, das nichts kostet und in jeder anderen Kultur selbstverständlich ist: offizielle, verbindliche Ruhezeiten. Wir arbeiten schneller und länger als je, wir machen die Nacht zum Tag, und oft setzen wir uns nicht einmal mehr zu den Mahlzeiten hin. Man kann so leben – »aber denk daran, kein lebendes Ding lebt so«, warnt der amerikanische Pfarrer und Therapeut Wayne Muller in seinem Buch *Sabbath*. Ohne Stille gibt es keine Spiritualität, deshalb hat jede Religion Rituale, die den Menschen innehalten lassen; manche Klosterorden leben ganz im Schweigen, um sich dem ständigen Gebet zu widmen. Selbst Gott hat am siebten Tag geruht und dies den Menschen ebenfalls befohlen. »Gedenke des Sabbattages, dass du ihn heilighaltest.« Das vierte Gebot gehört zur ethischen Grundausstattung des Menschen – es steht noch vor dem Gebot, nicht zu stehlen und nicht zu morden. Der Sabbath sei ein universales Prinzip, ohne das der Mensch nicht leben könne, so Wayne Muller. Unter Sabbath versteht er jede ritualisierte Ruhe, die nicht dann beginnt, wenn alles erledigt ist, sondern wenn die Zeit gekommen ist – sei es am Freitagabend nach Sonnenuntergang, am Feierabend nach Arbeitsschluss oder während der Siesta über Mittag. Wenn wir glauben, ohne solche Ruhezeiten leben zu können, werde uns der Sabbath früher oder später in anderer Form einholen, als Krankheit oder Unfall. Es gibt eine östliche und eine westliche Form der Faulheit, sagt Sogyal Rinpoche. Die östliche bestehe im Nichtstun, die westliche im unaufhörlichen Tun, das die große Aufgabe des Menschseins leugne: nämlich so zu leben, dass man den Tod nicht fürchtet.

Weil wir den Zustand, den das Wort Muße bezeichnet, nicht mehr erleben, ist das Wort aus unserem Wortschatz verschwunden: »Zustand, der einem die Möglichkeit bietet, etwas zu tun« ist laut Wörterbuch die ursprüngliche Bedeutung von Muße, der Kehrseite von ›müssen‹. Im modernen Leben gibt es zwei Kräfte, die dem Alltag die Ruhe austreiben. Das eine ist die Säkularisierung, das andere ist unsere Hingabe an die Maschinen und den Konsum. Ohne es auch nur zu merken, opfern wir den Feierabend und den Urlaub unseren Kommunikationsmaschinen, und mit der schleichenden Abschaffung der Ladenöffnungszeiten verschwindet der Sonntag vollends. Nun gibt es vom Lärm der Waren und des Kaufens keine Pause mehr, auch am siebten Tag bleiben wir Konsumenten.

»Wir haben verlernt, still zu sein«, stellt die amerikanische Schriftstellerin Anne D. LeClaire in ihrem Buch *Die Entdeckung des Schweigens* fest. Vor siebzehn Jahren erklärte sie eines Montags, sie wolle einen ›Tag der Stille‹ einschalten. Sie verzichtete auf das Sprechen, nahm das Telefon nicht ab und kommunizierte notfalls mit Zeichen und Zettelchen. »In den kommenden Jahren sollte die Stille mich ernähren.« Seither ist jeder erste und dritte Montag des Monats ein Tag der Stille, ein privates Schweigeritual, das ihr Leben auf profunde Weise verändert hat. Schweigen muss man lernen. Anfangs habe sie zwar geschwiegen, »aber der Affe in meinem Kopf plapperte in voller Fahrt drauflos«. Wenn man schweigt, tauchen im Inneren Dinge auf, die nicht immer angenehm sind. Nun melden sich Wahrheiten, die sonst vom Lärm übertönt werden. Doch mit dem Schweigen gewinnt das Leben eine neue Intensität. »Die Stille ist nur schon durch die Aufmerksamkeit, die sie fördert, unser Anker in der Gegenwart, im Hier und Jetzt.«

Für die Umgebung allerdings waren die Tage der Stille gewöhnungsbedürftig. Anne LeClaire hörte, wie ihr Mann am Telefon ihr Schweigen verschwieg und sagte, sie sei nicht da. Später gestand er ihr, dass er diese Montage zu hassen begonnen habe, an denen er mit ihr nichts besprechen konnte und selbst Kleinigkeiten auf den nächsten Tag verschieben musste. Mit der Zeit habe er dann gemerkt, dass vieles gar nicht so wichtig sei.

Die englische Autorin Sara Maitland hat in den letzten zehn Jahren die Stille systematisch erforscht, in der eigenen Lebenspraxis und durch die Lektüre von Berichten über die Stille-Erfahrungen anderer. In *A Book of Silence* schreibt sie über ihr Leben auf Inseln und in der Wüste, in Klöstern und in den Bergen. Fast alle Veränderungen, die sie in der Stille an sich selbst beobachtet, findet sie in den Einsamkeitsberichten von Abenteurern und Einhandseglern bestätigt. Die unmittelbarste Wirkung der Stille betrifft die körperlichen Wahrnehmungen. Alles klingt, riecht, leuchtet, schmeckt intensiver, sogar die eigene Körpertemperatur werde wahrnehmbar. Nach einigen Tagen des Schweigens esse sie weniger und langsamer; ohne die Ablenkung von Geräuschen wird offenbar jeder Bissen zu einem Geschmacksereignis, das sich im ganzen Körper ausbreitet und wirklich nährt. »Wenn ich schlafe, schlafe ich, und wenn ich esse, esse ich«, heißt ein berühmter Zen-Spruch. Vielleicht essen wir einfach deshalb zu viel, weil uns die Stille fehlt, um wirklich zu essen.

Alle, die längere Zeit in der Einsamkeit verbracht haben, berichten über akustische Halluzinationen. »Ich habe die Stille schreien gehört«, sagt Maitland. Das Einzige, was ihn wirklich geängstigt habe, seien die unerklärlichen Schreie und Geräusche gewesen, berichtet der Abenteurer Augustine Courtland, der in den 1920er-Jahren sechs Monate lang in einem Zelt in der Arktis hatte ausharren müssen.

Die wichtigste Stille-Erfahrung jedoch besteht für Sara Maitland in einem unbeschreiblichen mystischen Glücksgefühl, einer Überwindung der Grenzen, die das Selbst von seiner Umwelt trennen. »Ich fühlte mich absolut mit allem verbunden.« Die Stille schafft einen inneren Raum, der ganz von Gegenwart erfüllt ist. Man ist so stark im Hier und Jetzt verankert, dass die Empfindung später der Erinnerung nicht mehr zugänglich ist, deshalb kann man sie auch nicht beschreiben. Jeder Bericht über die Stille spreche davon, dass sie sich nicht beschreiben lasse, stellt Maitland fest. Es scheint, als würde das Selbst sich auflösen, wenn es keine Geräusche hört. »Stille erzeugt Freiheit, freie Entscheidungen, innere Klarheit, Stärke«, schreibt Maitland. »Eine Freiheit vom eigenen Selbst, und eine Freiheit, sich selbst zu sein.«

Jedes Glücksgefühl besteht in einer Entgrenzung, die das Selbst über sich hinauswachsen und Verbindungen mit anderem eingehen lässt. Doch wenn die Grenzen durchlässig werden, verliert das Selbst auch seinen Schutz. Mit der Stille verhält es sich wie mit dem Lärm: Man hält sie nur aus, wenn man ihr nicht ausgeliefert ist. Als Sara Maitland in einer Berghütte eingeschneit wird, lernt sie die Stille von ihrer dunklen Seite her kennen. Nun ist die Gegenwart der Stille nicht mehr erfüllt, sondern leer; Angst und Depression sind die Folge. Als Foltermethode ist die Stille schlimmer als der Lärm. Isolationshaft zermürbt die Seele, und der Entzug von Sinnesreizen in einem dunklen, schalltoten Raum führt schon nach kurzer Zeit zu Halluzinationen aller Sinneswahrnehmungen, bis hin zu Nervenzusammenbruch und akuter Psychose. Ohne Sinneseindrücke weiß man nicht mehr, ob man überhaupt existiert.

Auf der Erde ist völlige Stille eine Utopie. Wie Sara Maitland bemerkt, gibt es viele elementare

Kräfte, die kein Geräusch verursachen – Sonnenlicht, organisches Wachstum, Schwerkraft, Elektrizität, Strahlungen, die Gezeiten. Und doch ist es fast unmöglich, auf der Erde Stille zu finden. Auch wo es keine Menschen gibt, ist es nicht still. Das ewige Eis scheint eine der lautesten Weltgegenden sein: Seemänner, deren Schiffe im Packeis eingeschlossen waren, berichten vom ohrenbetäubenden Krach, der beim Aufeinandertürmen und Bersten der Eisschollen entsteht. Auch in den Weltmeeren ist es nicht still. Weil das Wasser Schallwellen besser leitet als die Luft, ist das Tosen der Wellen unter Wasser besser zu hören als oberhalb. Die Gesänge der Wale setzen sich Hunderte und Tausende von Kilometer weit fort, was leider auch für die Sonare der U-Boote gilt, die einen Schalldruck von bis zu 240 Dezibel erreichen, eine tödliche Lautstärke, wie die Kadaver von gestrandeten Walen vermuten lassen. Der enorme Schalldruck zerstört nicht nur ihr Gehör, er bewirkt auch innere Verletzungen und lässt die Tiere in Panik zu schnell auftauchen, so dass sie an der Taucherkrankheit zugrunde gehen. Nie werden wir wissen, wie groß die Zahl der vom Schall getöteten Wale im offenen Meer ist.

Selbst wenn wir auf der Erde vollkommene Stille fänden, könnten wir sie nicht hören. »Je länger man still ist, desto besser hört man die kleinen Geräusche in der Stille, so dass die Stille selbst immer weghuscht, wie ein scheues Wildtier«, schreibt Sara

Maitland. In der Wüste ist es stiller als irgendwo sonst auf der Erde, und in der Wüste entdeckt sie den Klang der Stille. Sie kann ihn nicht genau beschreiben. »Es fühlt sich wie eine aurale Erfahrung an, man hört es, aber ich glaube, in Wahrheit ist es gerade die Abwesenheit von irgendetwas, das man hören könnte.« Viele Menschen, die sich der Stille ausgesetzt haben, berichten von diesem Klang. Er sei tief, kontinuierlich und meistens zweistimmig, ähnlich wie die beiden Klänge, die John Cage hörte, als er sich in einem schalltoten Raum aufhielt. Das eine Geräusch stamme von seiner Blutzirkulation, das andere werde von seinem Nervensystem verursacht, wurde ihm erklärt. Doch was man wirklich hört, wenn nichts zu hören ist, kann niemand genau sagen. »Es ist die Stimme Gottes«, sagt die praktizierende Katholikin Sara Maitland: »Es sind winzige Teile, die im Innenohr gefangen sind. Es ist die Konsequenz davon, dass heute so viele Menschen auf der Welt leben, die so viel Lärm machen, dass es keinen Ort gibt, an dem man dem letzten sterbenden Widerhall der menschlichen Klänge entkommen könnte. Es ist das Drehen des Universums, oder das langsame Kriechen der tektonischen Platten tief unter der Erde, die sich etwa so schnell bewegen, wie Fingernägel wachsen.«

In Wahrheit ist Stille auf der Erde eine Illusion. Wir hören sie nur, weil unsere Hörfähigkeit begrenzt ist, denn wäre unser Gehör zehn Dezibel empfindlicher, würden wir die Geräusche der Moleküle in der Luft als ständiges Hintergrundrauschen hören. Auch unser Gehirn scheint nicht für die Stille gemacht, dies dürfte der Grund für die akustischen Halluzinationen in der Einsamkeit sein. Wenn das Gehirn nicht mit Geräuschen von außen versorgt wird, macht es sich selber welche.

Wirklich still ist es nur im Weltraum, denn dort gibt es kein Medium für die Schallwellen. Diese Stille allerdings wird kein Mensch je zu hören bekommen, auch dann nicht, wenn er die Erde verlässt. Astronauten schlafen mit Ohrstöpseln, weil die Ventilatoren der Raumstation so laut sind. Und bei einem Weltraumspaziergang ist es wegen der Klimaanlage im Raumanzug lauter als bei jedem anderen Spaziergang.

Leben mit dem Lärm

»Bis ich sterbe, wird es Geräusche geben«, erkannte John Cage nach seinem Erlebnis im schalltoten Raum. »Es gibt weder einen leeren Raum noch eine leere Zeit. Es gibt immer etwas zu sehen, etwas zu hören. In der Tat, sosehr wir uns auch bemühen, eine Stille herzustellen, wir können es nicht.« Cages Hinwendung zur Stille erfolgte um 1950, also in der Mitte seines Schaffens, doch die Stille ließ Cage nicht verstummen, sondern zuhören. Sein Stück *Tacet, 4'33"* verlangt von den Musikern, dass sie keine Musik spielen, denn das Stück macht alle zu Zuhörern. Die Musiker und das Publikum hören gemeinsam jener Musik zu, die man hört, wenn alle still sind. Cages Stille besteht nicht in der Abwesenheit von Klängen, sondern in der Abwesenheit von Absichten, also in einer Haltung. »Ich entdeckte, dass Stille nicht akustisch ist. Es ist eine Bewusstseinsveränderung, eine Wandlung. Dem habe ich meine Musik gewidmet.«

Stille entsteht dort, wo auch der Lärm entsteht, nämlich im Kopf. Daher ist die Frage, ob die Welt immer lauter werde, falsch gestellt. Es geht vielmehr darum, ob wir sie immer lauter hören. Vieles spricht dafür, dass die Menschen zu allen Zeiten lernen mussten, mit dem Lärm zu leben, lange vor dem Zeitalter der Maschinen. Yoga scheint ein wirksames Heilmittel für den Stress unserer Zeit zu sein, doch entwickelt wurde es vor über dreitausend Jahren. Offenbar kannten die alten Inder den Affen im Kopf ebenfalls, denn die Körpertechniken des Yoga dienten ursprünglich dem Ziel, den Körper so geschmeidig zu machen, dass er es dem Meditierenden erlaubt, so lange ungestört zu sitzen, bis die Gedanken still werden.

Es gibt kein Bewusstsein, das den Lärm nicht kennt. Die Frage ist, wie es mit ihm umgeht. An Lärm kann man sich nicht gewöhnen, doch umgekehrt lässt sich Lärmempfindlichkeit kultivieren, bis hin zur Neurose. »Er schlief nur darum nicht, weil seine Aufmerksamkeit sich einseitig, gewohnheitsmäßig auf das Erdenken von Schlafstörungen eingestellt hatte«, sagt Theodor Lessing, dem keine Lärmklage fremd war, über die legendäre Lärmempfindlichkeit von Thomas Carlyle. Am Lärm, der einen stört, kann man sich festhalten. Und man kann ihn loslassen. »Wenn ein Lärm Sie stört, hören Sie ihm zu«, rät John Cage, für den bekanntlich die Straßengeräusche, die durchs offene Fenster drangen, Teil der Musik waren, die er sich gerade anhörte.

Man muss mit dem Lärm etwas anstellen, damit

er nichts mit uns anstellt. Denn dass der Lärm eine Frage des Bewusstseins ist, ist eine gute Nachricht. Wir haben die Chance, ihn zu zähmen, indem wir uns ihm zuwenden. Seltsamerweise sinkt die Lärmempfindlichkeit, wenn man sich mit dem Lärm beschäftigt. Wenn einem auffällt, dass man das Zwitschern der Vögel vor dem Fenster angenehm findet, fühlt man sich vom Wellensittich des Nachbarn nicht mehr gestört. Man hört ihn als Vogel und nicht mehr als Geräusch aus der Nachbarwohnung.

Dem Lärm zuhören, der einen stört – so schön diese Maxime ist, sie hat ihre Grenzen. Nicht mit jedem Lärm kann man sich versöhnen. Steigenden Schalldruck kann das Bewusstsein nicht mindern – wenn der Ton in den Kinos lauter wird, weil viele Menschen schlechter hören, sind wir machtlos. Auch vor der Schizophonie kann das Bewusstsein uns nicht schützen. Die Hintergrundmusik im Café wird nicht erträglicher, wenn man ihr zuhört. Während wir den Umgebungslärm unserem Hören einverleiben können, ist es bei der Hintergrundmusik umgekehrt. Sie unterwirft uns, indem sie uns das Raster ihres Viervierteltakts und die Gleichgültigkeit ihres Plätscherns aufzwingt. Wir können mit ihr nichts anstellen. Sie bleibt immer gleich. Und sie hört nie auf.

Die tiefste Stille

»Stille ist, wenn ich alles, was ich hören will, höre«

Literaturverzeichnis

Allgemeine Literatur

Mythos von Atrahasis. In: *Mesopotamische Mythen*. Herausgegeben von Henrietta McCall. Stuttgart 1993.
Handwörterbuch des deutschen Aberglaubens. Herausgegeben von Hanns Bächtold-Stäubli und Eduard Hoffmann-Krayer. Berlin 2000.
CICERO: *Tusculanae disputationes, Gespräche in Tusculum*. Stuttgart 1997.
HORAZ: *Satiren und Episteln*. Berlin 1976.
JUVENAL: *Satiren*. Ditzingen 1969.
LAOTSE: *Tao Te King. Das Buch vom Sinn und Leben*. Übersetzt von Richard Wilhelm. München 2008.
SENECA: *Briefe an Lucilius*. In: *Philosophische Schriften*. Wiesbaden 2004.
VERGIL: *Georgica – Vom Landleben*. Ditzingen 1994.

ANDERS, GÜNTHER: *Die Antiquiertheit des Menschen I und II*. München 2002.
BABBAGE, CHARLES: *Passages from the Life of a Philosopher*. London 1994.
BACHTIN, MICHAIL: *Literatur und Karneval. Zur Romantheorie und Lachkultur*. Frankfurt am Main, Berlin 1985.

Bacon, Francis: *Neu-Atlantis*. Ditzingen 1982.
Beard, George M.: *Die Nervenschwäche (Neurasthenia)*. Ihre Symptome, Natur, Folgezustände und Behandlung. Leipzig 1889.
Gernhardt, Robert: *Du sollst nicht lärmen*. In: Stephan Marks: *Es ist zu laut!* Ein Sachbuch über Lärm und Stille. Frankfurt am Main 1999.
Hesse, Hermann: *Der Steppenwolf*. Frankfurt am Main 2009.
Kafka, Franz: *Tagebücher*. Frankfurt am Main 2008.
Ders.: *Briefe 1902–1924*. Frankfurt am Main 1990.
Jonson, Ben: *Epicoene, or The Silent Woman*. In: *The Selected Plays of Ben Jonson*, Volume I. Cambridge University Press 1989.
Jünger, Ernst: *In Stahlgewittern*. Stuttgart 2007.
Lichtenberg, Georg Christoph: *Sudelbücher*. Dreibändige Gesamtausgabe, herausgegeben von Wolfgang Promies. München 2005.
Payer, Peter: *Blick auf Wien*. Kulturhistorische Streifzüge. Wien 2007.
Radkau, Joachim: *Das Zeitalter der Nervosität*. Deutschland zwischen Bismarck und Hitler. München 1998.
Rinpoche, Sogyal: *Das tibetische Buch vom Leben und vom Sterben*. Frankfurt am Main 2004.
Schirrmacher, Frank: *Payback*. München 2009.
Schopenhauer, Arthur: *Die Welt als Wille und Vorstellung*. Zürich 1999.
Ders.: *Parerga und Paralipomena*. Zürich 1999.
Simmel, Georg: *Die Großstädte und das Geistesleben*. In: *Brücke und Tür*. Herausgegeben von Michael Landmann und Margarete Susman. Stuttgart 1957.

STIFTER, ADALBERT (Hg.): *Wien und die Wiener*. Berlin 1988.

TUCHOLSKY, KURT: *Gesammelte Werke*. Reinbek bei Hamburg 1987.

Literatur zu Lärm und Akustik

ATTALI, JACQUES: *Bruits*. Essai sur l'économie politique de la musique. Paris 2001.

BERENDT, JOACHIM-ERNST: *Das Dritte Ohr*. Vom Hören der Welt. Battweiler 2008.

CAGE, JOHN: *Silence*. Frankfurt am Main 2007.

CHARLES, DANIEL: *John Cage, oder Die Musik ist los*. Berlin 1979.

COCKAYNE, EMILY: *Hubbub*. Filth, Noise and Stench in England 1600–1770. Yale University Press 2007.

CORBIN, ALAIN: *Die Sprache der Glocken*. Ländliche Gefühlskultur und symbolische Ordnung im Frankreich des 19. Jahrhunderts. Frankfurt am Main 1995.

DAHLMANN HELLFRIED: *Über den Lärm*. In: Gymnasium Nr. 85, Berlin 1978.

ENZENSBERGER, HANS MAGNUS: *Ein musikalisches Opfer*. In: *Kursbuch 129*, Berlin 1997.

FLEISCHER, GERALD: *Lärm – der tägliche Terror*. Verstehen, bewerten, bekämpfen. Stuttgart 1990.

GESS, NICOLA; SCHREINER FLORIAN UND SCHULZ, MANUELA K. (Hg.): *Hörstürze*. Akustik und Gewalt im 20. Jahrhundert. Würzburg 2005.

GUSKI, RAINER: *Lärm*. Wirkungen unerwünschter Geräusche. Bern 1987.

HOLBEIN, ULRICH: *Der belauschte Lärm.* Frankfurt am Main 1991.

KOSTELANETZ, RICHARD: *John Cage im Gespräch.* Zu Musik, Kunst und geistigen Fragen unserer Zeit. Ostfildern 1993.

KRAUSE, BERNIE: *Wild Soundscapes.* Discovering the Voice of the Natural World. Berkeley, California 2002.

LESSING, THEODOR: *Der Lärm.* Eine Kampfschrift gegen die Geräusche unseres Lebens. In: Brandstätter, Horst: *Badenwyler Marsch.* Stuttgart 1990.

LIEDTKE, RÜDIGER: *Die Vertreibung der Stille.* Leben mit der akustischen Umweltverschmutzung. München 2004.

MARKS, STEPHAN: *Es ist zu laut!* Ein Sachbuch über Lärm und Stille. Frankfurt am Main 1999.

MAUE, JÜRGEN H.: *0 Dezibel + 0 Dezibel = 3 Dezibel.* Einführung in die Grundbegriffe und die quantitative Erfassung des Lärms. Berlin 2003.

METZGER, HEINZ-KLAUS UND RIEHN, RAINER (Hg.): *John Cage I und II.* Reihe Musikkonzepte. München 2006.

PAYER, PETER: *Vom Geräusch zum Lärm.* Zur Geschichte des Hörens im 19. und frühen 20. Jahrhundert. In: *Sinne und Erfahrung in der Geschichte.* Herausgegeben von W. Aichinger, F. X. Eder und C. Leitner. Innsbruck, Wien, München, Bozen 2003.

RUSSOLO, LUIGI: *Die Kunst der Geräusche* (1916). Mainz 2005.

SADER, MANFRED: *Lautheit und Lärm.* Göttingen 1966.

SATIE, ERIK: *Gesamtausgabe der Briefe und Schriften I.* Herausgegeben von Ornella Volta. Hofheim 1990.

SCHAFER, MURRAY R.: *Klang und Krach.* Eine Kulturgeschichte des Hörens. Bodenheim 1991.

SEDMAK, FLORIAN UND ANDROSCH, PETER: *Hörstadt*. Reiseführer durch die Welt des Hörens. Wien 2009.

SMITH, BRUCE R.: *Soundscapes of Early Modern England*. University of Chicago Press 1999.

THOMPSON, EMILY: *The Soundscape of Modernity*. Architectural Acoustics and the Culture of Listening in America 1900–1933. Cambridge, Massachusets 2004.

Stille

FERMOR, PATRICK LEIGH: *Reise in die Stille*. München 2000.

GRÜN, ANSELM: *Der Anspruch des Schweigens*. Münsterschwarzach 2006.

KOISSER, HARALD: *Die Rückeroberung der Stille*. Auswege aus Stress und Reizüberflutung. Wien 2007.

LECLAIRE, ANNE D.: *Die Entdeckung des Schweigens*. Vom Glück der Stille in einer Welt, die den Mund nicht mehr hält. München 2009.

MAITLAND, SARA: *A Book of Silence*. A Journey in Search of the Pleasures and Powers of Silence. London 2008.

MULLER, WAYNE: *Sabbath*. Finding Rest, Renewal, and Delight in Our Busy Lives. New York 1999.

NOUWEN, HENRI J. M.: *Ich hörte auf die Stille*. Sieben Monate im Trappistenkloster. Freiburg im Breisgau 2008.

PICARD, MAX: *Die Welt des Schweigens*. Frankfurt am Main 1959.

THICH NHAT HANH: *Das Wunder der Achtsamkeit*. Einführung in die Meditation. Bielefeld 2008.

Nichts als die Welt. Reportagen und Augenzeugenberichte aus 2500 Jahren. Herausgegeben von Georg Brunold

»Bücher sind der Eingang zur Welt«, konstatierte einst Stefan Zweig. Dieser Folioband stößt das Tor zu 2500 Jahren Weltgeschichte auf und führt rund um die Erde. Autoren wie Caesar, Kolumbus, Voltaire, Heine, Boveri, Capote und García Márquez geleiten uns durch die großen Ereignisse und Umbrüche ihrer Zeit.

»Dieses wunderbare Großwerk ist zum Staunen. Zum Eintauchen – für Stunden, Tage.« *Welt kompakt*

»Ein tolles Buch, der Wunder voll und wunderschön.« *NDR*

»*Nichts als die Welt* ist neben Bolanos 2666 mindestens das Buch des Jahres.« *Berliner Zeitung*

www.galiani.de

Douwe Draaisma, *Die Heimwehfabrik.*
Wie das Gedächtnis im Alter funktioniert

Douwe Draaisma entkräftet die Allgemeinplätze über das Alter und erzählt die wahre Geschichte des älter werdenden Gehirns. Über die Ungreifbarkeit der Erinnerung und das Heimweh nach einer Welt, die nur noch in der Erinnerung lebt. *Die Heimwehfabrik* macht deutlich, dass die Zeit nicht nur etwas mit dem Gedächtnis macht – das Gedächtnis macht auch etwas mit der Zeit.

»Ein weiser und brillanter Führer im Labyrinth der Zeit, mit einem Buch, das früher oder später jeden angeht, und das sich dabei spannend und bewegend liest. Wissen und Schreiben so kombinieren zu können wie er, ist nicht jedem gegeben.« *Cees Nooteboom*

www.galiani.de

Martin Urban, *Die Bibel. Eine Biographie*

Die Bibel ist das wirkmächtigste Buch der Weltgeschichte. Doch ohne Hintergrundwissen ist sie für heutige Leser nicht zu verstehen. Martin Urban zeigt unvoreingenommen die Entstehungsgeschichte der Bibel mit all ihren Deutungen und Irrtümern und plädiert für ein notwendiges Neuverständnis der Bibel.

Urban »behandelt die ganz Bandbreite der heutigen Auslegung zwischen aufgeklärter Wissenschaft und unreflektiertem Fundamentalismus.« *Epoc/Spektrum der Wissenschaft*

»Im besten Sinne aufklärend.« *Zeitzeichen*

www.galiani.de

Anna Tüne, *Von der Wiederherstellung des Glücks.
Eine deutsche Kindheit in Frankreich*

Eine deutsche Familie siedelt sich Anfang der 50er Jahre auf einem Bauernhof in Frankreich an. Der Vater war verwundet aus dem Krieg zurückgekehrt, der Mutter haben sich die Bombennächte in die Seele gebrannt. Nun will die Familie einen Neuanfang versuchen – ausgerechnet in jener Gegend, in der die Deutschen noch vor Kurzem bestialisch gewütet haben.

Mit Poesie und schonungsloser Ehrlichkeit erzählt Anna Tüne die Geschichte einer Kindheit, über der das Erbe der Herkunft wie ein dunkler Schatten lag und die doch von einem hoffnungsvollen Zauber erfasst war.

www.galiani.de

Ferdinando Galiani, *Nachrichten vom Vesuv.*
Briefe, Blitze, Lästereien

Stimmen über Galiani –
von heutigen Zeitungen und damaligen Zeitgenossen:

»Ein großer Aufklärer ... sprühend vor Charme, Gift, Intelligenz. Eine schön gemachte, liebevoll kommentierte Auswahl und Einführung, die den Spätsommer mit Gedankenblitzen erhellt.« *FAZ*

»Als hätten sich Plato und Molière zusammengetan.« *Voltaire*

»Eine einzigartige Mischung aus charmantem Plauderton, Gift, Melancholie, Klamauk und Intelligenz. Böse und spontan ist Galianis Witz ...« *Der Tagesspiegel*

»Ein Kleinod für Regentage.« *Denis Diderot*

www.galiani.de

Jenny Erpenbeck, *Dinge, die verschwinden*

Unterschiedlichstes Material taucht in diesen Kolumnen auf, Berlinisches, Persönliches, aber auch Politisches, Philosophisches und vieles aus Ost und West. Zusammengenommen ergeben die Dinge, die verschwinden, ein großes Ganzes – ein Buch über ein sich veränderndes Leben, über ein sich veränderndes Deutschland und eine sich verändernde Welt.

»Wie in Walter Benjamins *Berliner Kindheit um Neunzehnhundert* spinnen sich Prosatexte um Alltagsorte und -dinge ... anrührend, nüchtern und liebevoll zugleich.« *Berliner Zeitung*

»... eine der gedanklich und emotional erfrischendsten Lektüren, die man sich derzeit gönnen kann. Ein literarisches Juwel.« *NZZ am Sonntag*

www.galiani.de

Tilman Spreckelsen, *Königskinder.*
Herzbrechende Liebesgeschichten

Himmelhochjauchzend, zu Tode betrübt: Tilman Spreckelsen versammelt in *Königskinder* herzbrechende Liebesgeschichten, die diese beiden Pole vermessen: Man streift durch den *Garten des Herrn Ming* (Krüss), taucht in die Meerestiefe der *Kleinen Seejungfrau* (Andersen) und aus den finsteren Bergwerken von Falun (Hebel) wieder auf, folgt dem Flug der *Zugvögel* (Andersen Nexö) und sehnt sich nach den Wiesen des *Brokeback Mountain* (Proulx) – ein Lese- und Trostbuch, gespeist aus dem ganz großen Stoff der Weltliteratur.

www.galiani.de